LÀ D'OÙ JAILLIT
LA LUMIÈRE

JILL BIDEN

LÀ D'OÙ JAILLIT LA LUMIÈRE

traduit de l'anglais (États-Unis)
par Sebastian Danchin

l'Archipel

La première édition de ce livre a paru sous le titre
Where the Light enters,
chez Flatiron Books.

Publié en accord avec Flatiron Books.

Notre catalogue est consultable à l'adresse suivante :
www.editionsarchipel.com

Éditions de l'Archipel
92, avenue de France
75013 Paris

ISBN 978-2-8098-4171-8

À mes enfants, Beau, Hunter et Ashley,
qui ont fait jaillir dans ma vie l'amour et la lumière.

PROLOGUE

Une jeune fille que je ne connais quasiment plus me regarde fixement sur cette vieille photo de mariage. Elle a une coupe des années 1970 et porte une robe blanche qui lui descend au-dessous du genou. Elle est précédée par deux petits garçons, figés à jamais dans leurs vestes et leurs cravates, qui ont conquis son cœur. Debout face aux lourdes portes de l'église, elle arbore un sourire qui ne trahit rien du long périple qui l'a conduite là.

Bien des années plus tard, confortablement installée dans le grand canapé moelleux du jardin d'hiver de ma maison de Wilmington, dans le Delaware, je pose mon regard sur les traces de la promesse faite ce jour-là. Autant de bibelots, d'œuvres d'art et de photos de famille qui composent ma boîte à souvenirs.

Cette pièce est l'un de mes endroits préférés au monde. De dimensions modestes, elle domine le lac qui se trouve derrière notre maison. J'adore m'y réfugier et m'allonger sur ce canapé, enroulée dans une couverture en corrigeant les copies de mes étudiants du Northern Virginia Community College où j'enseigne l'anglais et l'écriture depuis dix ans. Ce salon d'hiver me rappelle que je suis bien chez moi.

En relevant les yeux, je découvre un portrait de ma fille Ashley et moi. Nous avons le même sourire, en plus de tout ce qui nous rassemble : le sens de l'humour, la franchise, l'entêtement, aussi. Elle m'a offert cette photo pour la Fête des mères, accompagnée d'un poème de sa composition : *Telles les branches d'un arbre / Je fais partie de toi / Mon cœur et mon âme / Solidement et naturellement / Ancrés dans tes racines.*

Il y a là des affiches des campagnes sénatoriales de Joe, mon mari. Une autre annonçant son débat avec Paul Ryan [1] au Center College de Danville, dans le Kentucky, en 2012. Avec son slogan accrocheur, « Du rififi en ville – Le Retour », on dirait une affiche de combat de boxe. Une troisième affiche rappelle la campagne de mon fils Beau au poste de procureur général de l'État du Delaware. Ainsi, les chats ne font pas des chiens.

Sur une petite table trône un portrait de mon fils Hunter, surpris en train de dormir sur ce même canapé un après-midi. Sa petite Finnegan, boucles blondes et pull bleu marine, dort sur sa poitrine. Quasiment toutes mes photos de Hunter le représentent avec ses enfants, Finn, Maisy et Naomi. Sa fierté de père et l'amour qu'il leur porte débordent du cadre. À bien des égards, Hunter est le cœur de la famille que nous formons.

J'aperçois un peu plus loin un petit presse-papier portant le sceau de la Maison-Blanche, l'un des souvenirs que nous avons conservés de l'expérience unique qu'ont représentée les huit années merveilleuses de la présidence Obama-Biden. Un peu plus loin se trouve une photo de mes parents, tous deux décédés. Une photo de mes quatre sœurs. Ou encore un portrait très officiel de quatre générations du très turbulent clan Biden.

---

1. Le membre de la Chambre des représentants (1999-2019) était le colistier du candidat républicain à la présidence des États-Unis, Mitt Romney, lors de l'élection de 2012. (*Toutes les notes sont du traducteur.*)

Sur l'un des murs de la pièce est accroché un tableau représentant un ponton. Celui-là même que j'apercevrais si j'ouvrais les portes-fenêtres sur ma droite. Depuis la mort de Beau d'un cancer du cerveau en 2015, c'est le plus souvent sur ce ponton que je l'imagine, son visage caressé par les reflets du soleil. Je le verrai toujours contemplant l'eau du lac, coiffé d'une casquette de l'équipe de baseball de l'université de Pennsylvanie, ou bien montrant à ses enfants, le petit Hunter et Natalie, comment accrocher un ver à l'hameçon de leur canne à pêche. Je serais prête à tout donner pour revivre ces jours heureux ne fût-ce qu'un instant.

Lorsqu'il me prend l'envie de poser les pieds sur la vieille table basse en bois, il me faut généralement pousser les piles d'articles de presse de Joe, les copies de mes étudiants, ou bien les crayons de couleur dont se servent les plus petits lorsqu'ils nous rendent visite. Natalie a scotché un mot sur le miroir en prévision de notre séjour annuel à Nantucket, la semaine de Thanksgiving : « On est impatients de retrouver *Nana*-tucket[1] ! » À côté se trouvent diverses œuvres de nos petits-enfants : des chats et des salamandres, un bonhomme, un dragon aux pattes bleues.

Ce jardin d'hiver est le carrefour de tout ce qui constitue mon existence : la carrière d'enseignante qui me passionne tout en assurant mon indépendance depuis trois décennies ; la politique, une aventure à laquelle je ne m'attendais nullement ; les deux petits garçons qui ont fait de moi une mère à la mort de celle qui leur avait donné le jour ; la fille qui est venue agrandir notre

1. *Nana* est une façon affectueuse d'appeler une grand-mère aux États-Unis, d'où le jeu de mots à partir du nom de Nantucket, une île chic située à une vingtaine de kilomètres des côtes du Massachusetts, en Nouvelle-Angleterre.

famille ; les petits-enfants qui ont toujours su recoller les morceaux de nos destins brisés ; les parents, les sœurs, les proches et les amis qui ont fait de moi la femme que je suis devenue ; l'homme avec lequel j'ai construit cette vie.

Je suis mère et grand-mère, amie et enseignante, épouse et sœur. Tous les indices étalés sur ces murs, tous ces rôles que j'ai joués ont ancré le sens de la famille au plus profond de mon être. J'ai appris – et cet apprentissage est loin d'être achevé – la force des liens qui unissent une famille. On ne peut réduire cette force gravitationnelle aux liens du sang. Ce serait une vision simpliste. Les familles se vivent, se créent, se découvrent et se fondent. Elles déroulent leur histoire dans l'ordonnancement élégant des générations qui se succèdent. Elles tissent leur toile à partir des fils fragiles du désir et du désespoir, de l'amitié et des désaccords, de la reconnaissance et de la grâce.

Nous portons en nous l'espoir que l'amour, lorsqu'il est fort, sera le ciment qui nous unit. Sans lui, nous serions un tas de briques éparses confronté à l'inévitable : les rancœurs, les affronts, les trahisons ou, tout simplement, le temps qui passe. L'amour nous accorde souplesse et résistance. Lui seul nous permet de pardonner l'impardonnable. De former ensemble un tout qui nous dépasse. Et bien que l'amour n'ait pas le pouvoir de nous épargner les chagrins de l'existence, il nous offre un refuge derrière les murs duquel nous pouvons nous retrouver et nous ressourcer. Un refuge dans lequel nous nous sentons immanquablement chez nous.

La famille a besoin d'amour pour rester soudée : je ne connais pas de vérité plus criante. Peu importe qu'elle soit constituée d'enfants biologiques ou non. Lorsqu'il s'agit de cicatriser les blessures liées à la perte d'un proche, ou d'accueillir chez soi un parent vieillissant, l'amour reste le grand dénominateur commun.

Ces pages racontent la façon dont Joe et moi avons donné naissance à notre famille. Par le respect des traditions, par le rire, par des moments de joie simple. Sans carte routière ou plan d'action. Il nous est arrivé de nous tromper, mais nous sommes toujours restés forts. Et c'est tous ensemble que nous avons construit cette famille. Il nous a parfois fallu la soigner, mais cela nous a permis de découvrir le sens des vers magnifiques de Rûmî, un auteur persan du XIIIe siècle, lorsqu'il écrivait dans son poème *Amis d'enfance* :

> Laisse ton professeur chasser les mouches
> et poser un emplâtre sur ta blessure.
> Ne tourne pas la tête. Ne quitte pas
> le pansement des yeux. C'est de là
> que jaillira la lumière.
> Et ne va pas croire un instant
> que tu guériras tout seul.

1

LA FORCE DES LIENS FAMILIAUX

Chaque famille possède sa mythologie, constituée d'histoires rapportées à l'infini, au point qu'il est difficile de distinguer les personnages pittoresques de notre imaginaire des individus réels que nous connaissons et aimons. Ces histoires ne se contentent pas de retracer notre histoire, elles mettent en lumière les forces qui nous ont modelés et les valeurs qui nous définissent durablement.

Au sein de mon clan, la légende familiale tourne autour du mariage de mes parents, Donald Jacobs et Bonny Jean Godfrey, deux amoureux au destin contrarié par les astres. Que cela soit le juste reflet de la réalité ou non, la légende associée à ma famille serait incomplète sans la présence d'un adversaire intrépide : ma grand-mère Ma Godfrey.

On m'a raconté que Ma Godfrey n'avait pas caché sa déception à ma naissance. En toute logique, elle n'avait aucune raison d'en vouloir à sa fille, plus d'un an après son mariage, de mettre au monde un bébé en pleine santé. Mais en dépit du mariage de mes parents, de la maison qu'ils avaient achetée et des projets d'avenir qu'ils entretenaient, ma grand-mère maternelle continuait d'espérer qu'ils se sépareraient. Elle était convaincue que mon père, issu d'une famille pauvre de Hammonton, dans le New Jersey, n'était pas assez bien pour ma mère.

La naissance de ce premier enfant symbolisa probablement dans la tête de ma grand-mère la réalité de cette union. Inconsciemment, elle m'en a toujours tenue responsable. Pour ne rien arranger, je ressemblais à mon père dont j'avais les cheveux blonds et les yeux bleus.

— Tu n'es pas une Godfrey, me disait-elle. Tu es une Jacobs.

Sans doute s'agissait-il d'une insulte dans sa bouche, mais je le prenais comme un compliment. J'étais *effectivement* une Jacobs, et j'en étais fière.

Les sentiments ambivalents de ma grand-mère à mon endroit ne s'exprimaient pas ouvertement. Elle ne me traitait pas différemment de mes quatre sœurs. Elle me lisait des histoires et jouait avec moi aux mêmes jeux qu'avec les autres. Elle m'offrait une carte pour mon anniversaire et des cadeaux à Noël, mais je sentais invariablement une pointe d'acrimonie dans ses propos. J'étais la première qu'elle grondait, celle à qui elle adressait les remarques les plus acerbes. Et s'il nous arrivait à toutes de répondre, j'étais la seule à recevoir une fessée. Ma Godfrey n'était pas tendre, elle ne l'était avec personne, mais sa dureté était plus prononcée avec moi.

À l'âge de douze ans, j'ai décidé que j'en avais assez. Je n'ai pas conservé le souvenir du détail qui a déclenché la crise, mais je sais que c'était une remarque aussi méchante qu'injuste, et que j'en ai été profondément meurtrie. J'ai alors pris la décision de commander un taxi afin de ne pas rester une minute de plus chez cette femme qui ne m'appréciait guère.

La mère de mon père, grand-mère Jacobs, était l'opposé de Ma Godfrey. Il suffisait que je franchisse le pas de sa porte pour qu'elle me couvre de baisers.

Elle habitait une vieille maison dans laquelle flottait en permanence une odeur de pain italien brûlé. Aujourd'hui encore, cette odeur bien particulière suffit à me transporter directement dans sa cuisine. Elle m'achetait tous les jours un melon pour le petit déjeuner et le tiroir du haut du buffet de la salle à manger débordait de bonbons. Surtout, grand-mère Jacobs nous aimait toutes avec une ardeur implacable. Lorsque le taxi s'est arrêté devant chez elle, elle a ouvert sa porte, m'a fait entrer en me prenant par la main et m'a serrée dans ses bras. Enfin en sécurité dans les bras de ma grand-mère, je l'ai entendue murmurer à l'intention de Ma Godfrey : « Espèce de salope », après quoi elle s'est reprise en demandant pardon à Dieu.

*

La poétesse afro-américaine Maya Angelou a écrit un jour : « L'amour ne connaît pas de barrières. Il se joue des obstacles, franchit d'un bond les clôtures et traverse les murs pour arriver à destination, plein d'espoir. » C'est exactement de cette façon que je voyais l'amour que se portaient mes parents : irrésistible, indomptable, et plein d'espoir.

Mon père, Donald, était né dans une famille ouvrière d'origine italienne. Son patronyme, Giacoppa, était devenu Jacobs lorsque son grand-père, Guytano Giacoppa, était arrivé à Ellis Island. En 1944, alors âgé de dix-sept ans, mon père a décidé de prendre part à la Seconde Guerre mondiale. Comme il était trop jeune, il avait besoin de l'autorisation maternelle pour s'enrôler dans l'armée. Ma grand-mère n'était pas enthousiaste à l'idée que son jeune fils parte se battre, mais elle a accepté. Mon père a reçu une formation de sémaphoriste avant d'être envoyé dans le Pacifique sud.

Papa était très fier de son passé militaire. À son retour aux États-Unis, après la guerre, il a pu s'inscrire dans une école de commerce de Philadelphie grâce au *GI Bill*[1], ce qui lui a permis d'être recruté comme caissier dans une banque de Hammonton, dans le New Jersey. Un emploi honorable, mais très éloigné de la brillante carrière espérée par mes grands-parents pour leur fille.

Deux ou trois fois par semaine, papa faisait halte au magasin Rexall du centre-ville et achetait de la glace à Bonny Jean Godfrey, la vendeuse qui se trouvait derrière le comptoir. Aujourd'hui, leur histoire ressemble si fort à un dessin de Norman Rockwell que l'on peine à y croire: le jeune et beau GI et la charmante petite marchande de glace, avec le carrelage noir et blanc en arrière-plan et un marshmallow posé sur le cornet de crème glacé. Comme dans toute histoire d'amour qui se respecte, ils ont été confrontés à un double obstacle: mon grand-père et ma grand-mère, propriétaires du magasin, qui voyaient cet amour naissant d'un très mauvais œil. De loin, ils ont vu avec effarement le charme de ce jeune inconnu opérer sur leur fille.

Mes grands-parents maternels, Ma et Pa Godfrey, avaient suivi tous les deux des études, de sorte qu'ils comptaient aiguiller ma mère sur la même voie. Inquiets à l'idée que leur Bonny Jean renonce à ce projet pour épouser Donald, ils lui ont interdit de le revoir.

Bonny Jean est entrée à l'université, comme prévu, avant d'abandonner ses études moins de deux ans plus tard sans aucun diplôme. Surtout, mon père et elle n'ont

---

1. Cette loi, adoptée en juin 1944, permettait aux anciens combattants fraîchement démobilisés de bénéficier d'une bourse ou d'une formation professionnelle. Le *GI Bill* a joué un rôle de premier plan dans l'accession de nombreux Américains modestes aux classes moyennes.

jamais cessé de se voir. Par esprit de rébellion, ils se sont même enfuis ensemble à Elkton, dans le Maryland, où ils se sont mariés à l'insu de mes grands-parents.

Mes parents sont ensuite retournés vivre chez leurs parents respectifs avant de se marier officiellement un an plus tard chez Ma et Pa, en présence de leurs frères et sœurs et de mes grands-parents Jacobs. Les parents de ma mère sont morts sans jamais avoir été mis au courant de la trahison de leur fille. Cet acte de révolte illustre parfaitement le dévouement de mes parents l'un pour l'autre. Ce jour-là, ils ont tracé autour d'eux un cercle inaltérable qui s'est élargi à la naissance de chacune de leurs filles : moi, Jan et Bonny dans un premier temps, puis les jumelles Kim et Kelly quand j'avais quinze ans. Mon père et ma mère ont toujours pu compter sur le soutien sans faille de l'autre, et ils nous ont inculqué les mêmes valeurs. Il nous arrivait de nous chamailler entre nous, mais si quelqu'un d'extérieur avait le malheur de s'en prendre à l'une d'entre nous, il trouvait immanquablement les cinq filles Jacobs sur son chemin.

*

Lorsque j'étais enfant, mes parents nous entassaient tous les week-ends dans le break familial brun et blanc et nous quittions Willow Grove, en Pennsylvanie, où nous vivions, afin de rendre visite à nos grands-parents dans le New Jersey. En chemin, on passait devant l'usine de biscuits Nabisco et les rangées de maisons mitoyennes de Philadelphie avant de franchir le pont Tacony-Palmyra et d'atteindre Hammonton. Dès notre arrivée, la famille se scindait en deux : alors que je restais avec mon père chez ses parents, ma mère et mes sœurs se rendaient chez mes grands-parents maternels. Je n'en ai pas la certitude, mais je suis à peu près certaine que Ma et Pa Godfrey avaient interdit à mon père de dormir avec ma mère chez eux.

Cet ostracisme ne me touchait guère, je préférais de loin rester chez grand-mère et grand-père avec mon père. Grand-père adorait pêcher et il n'était pas rare, en débarquant chez eux, de découvrir des dizaines de rascasses un peu partout : sur le plan de travail de la cuisine, dans la véranda à l'arrière de la maison, et même sur le lave-linge. Leurs écailles noires et brillantes me fascinaient, en dépit des cris de ma grand-mère. « *Maledetto*, Domi ! » s'énervait-elle en usant du diminutif dont elle gratifiait son mari, prénommé Domenic. « Qui va encore devoir nettoyer tous ces poissons ? » Elle ne parlait pas italien, mais elle avait veillé à retenir quelques jurons bien sentis pour les occasions de ce genre.

Mes grands-parents exprimaient leur amour pour mes sœurs et moi en préparant des plats extraordinaires. Chez eux, j'ai appris à aimer les pâtes, la sauce tomate maison et le bon pain italien. Mon grand-père, assis à table à côté du grille-pain, glissait d'épaisses tranches dans l'appareil pour nous fournir notre content de toasts. Un dicton italien précise qu'un bon repas doit « *finire a tarallucci e vino* », c'est-à-dire se conclure par des tarallucci (de petits biscuits) servis avec du vin. De façon métaphorique, cela signifie que la famille doit rester soudée quels que soient les désaccords ou les disputes survenus pendant le repas : on a beau penser que l'autre a tort, on met ses rancœurs de côté afin de profiter ensemble des plaisirs de la vie.

La cuisine de grand-mère et grand-père, minuscule, était meublée d'une table recouverte d'une toile cirée et de vitrines alignées le long du mur. Nous passions le plus clair de notre temps dans cette pièce, mais j'aimais tout autant le salon où trônait un portrait encadré de mon père en uniforme de la Navy, à l'âge de dix-sept ans. La maison, petite et quelque peu délabrée, n'abritait que des meubles usés, mais elle était accueillante et rassurante, au point que mes sœurs me jalousaient d'avoir le droit d'y passer le week-end.

Au même moment, à l'autre extrémité de la ville, elles vivaient une expérience bien différente avec ma mère. Ma et Pa Godfrey avaient une pelouse impeccable, dotée d'un système d'arrosage intégré qui permettait à l'herbe de conserver en permanence son vert tendre, ainsi qu'une roseraie dessinée au cordeau. Ma possédait toute une collection de figurines Hummel dans une vitrine, le salon était meublé avec élégance et comptait même un orgue dont jouait ma grand-mère. Elle possédait un service de porcelaine Lenox de toute beauté dont ma mère m'a fait cadeau par la suite en me faisant promettre de ne jamais dire à ma grand-mère qu'elle me l'avait offert.

Les rayonnages de la cave regorgeaient de bocaux de pêches, de cornichons et de compote de pomme que Ma préparait elle-même. Le congélateur était rempli de glaces et une balancelle en bois était accrochée au plafond. Le sous-sol était impeccable et donnait l'impression d'être ripoliné de neuf. Même les araignées craignaient les foudres de Ma, qui veillait à ce que sa cave soit, comme le reste de la maison, d'une propreté irréprochable.

Le week-end se terminait par un repas dominical chez nos deux couples de grands-parents. On entamait les festivités chez grand-mère et grand-père par un festin à l'italienne composé de nouilles maison que grand-mère faisait sécher dans la cuisine, des *braciole*, et une soupe de mariage[1]. La maison vibrait des arômes de basilic, d'origan, de tomates fraîches et d'ail, autant de goûts et d'odeurs dont je ne me lassais pas. On mangeait jusqu'à plus faim, grand-mère nous serrait à nous étouffer au moment de repartir, et puis nous prenions le chemin de la maison des grands-parents Godfrey où nous attendait le second repas du dimanche.

Chez Ma et Pa, nous dînions sur une nappe soigneusement repassée dans de la vaisselle Lenox avec des couverts en argent. Ma nous servait du rosbif et de la purée de pommes de terre en sauce avec des haricots verts, suivis d'un gâteau pour le dessert. Après tous les plats italiens que nous avions ingurgités, plus personne n'avait faim, ce qui n'empêchait pas Ma de nous resservir copieusement. Au-delà du plaisir de se retrouver en famille, ce double repas dominical était aussi une façon pour mes grands-mères de s'affronter sans le dire.

Le dessert terminé, nous n'aspirions qu'à rentrer à la maison. Mes parents nous faisaient monter à l'arrière du break où Jan et Bonny s'endormaient instantanément. De mon côté, je préférais écouter papa et maman bavarder tranquillement à l'avant de l'auto. Je trouvais incroyablement apaisants la lueur du tableau de bord, l'odeur de cuir des sièges, les chuchotements et les rires de mes parents tout le long du chemin alors qu'il faisait nuit noire à l'extérieur.

*

À compter de l'âge de sept ans, j'ai pris l'habitude de remonter la rue quasiment tous les soirs pour aller

1. Les *braciole* sont des paupiettes de viande de cheval. Il s'agit d'une spécialité de la région des Pouilles. La *minestra maritata*, ou « soupe de mariage », est un plat napolitain qui « marie » légumes verts et viande.

attendre mon père à son retour du travail. Les horaires dans la banque courent de 9 à 17 heures, de sorte que ce rituel coïncidait avec le dîner. Il s'arrêtait le long du trottoir en m'apercevant, ouvrait la portière de sa berline Ford bleue et me prenait sur ses genoux. Le volant serré entre mes petites mains, je « conduisais » jusqu'à la maison pendant qu'il gérait les pédales.

J'adorais ces moments. J'éprouvais une fierté indicible à l'endroit de mon père que je trouvais si beau dans son costume sombre, parfois coiffé d'un Stetson, et parfumé d'après-rasage Old Spice. Les années 1950 touchaient à leur fin et notre famille ressemblait aux personnages de la série *Leave It to Beaver* : ma mère occupée à préparer le dîner lorsqu'elle n'étendait pas le linge ou ne reprisait pas des chaussettes. Mon père s'installait dans son fauteuil et lisait le journal, lorsqu'il n'allumait pas notre télé Philco noir et blanc afin de regarder un match des Phillies. Avec Jan et Bonny, il nous arrivait parfois de placer nos petites chaises à côté de papa pour en profiter.

Si les repas du dimanche chez les grands-parents étaient élaborés, les dîners en semaine à la maison l'étaient à leur façon. Tous les jours aux alentours de 17 heures, l'une de nous mettait la table sur une nappe propre. Maman ajoutait une touche colorée en disposant dans un vase des fleurs du jardin (elle n'allait jamais chez le fleuriste) ou en plaçant un centre de table, en fonction des saisons. Il ne restait plus qu'à allumer des bougies avant de s'installer à table, l'habitude ayant fini par fixer l'emplacement de chacun. La table de la salle à manger, rectangulaire, était entourée de six chaises alors que nous étions cinq, jusqu'à ce que l'arrivée des jumelles nous oblige à ajouter une septième. Mon père trônait à l'extrémité, près de la cheminée. La coutume voulait que la femme s'assoie en face de son mari, mais ma mère détestait se trouver aussi loin de lui, de sorte qu'elle occupait la chaise voisine, ce qui leur permettait de se toucher, voire de se donner des coups de coude affectueux lorsqu'ils n'étaient pas d'accord. C'était moi qui occupais l'autre extrémité de la table, à côté de la baie vitrée donnant sur le jardin et le bois voisin, Bonny et Jan prenant possession des deux dernières chaises.

Si la table était toujours joliment arrangée, le repas lui-même était nettement moins reluisant. Ma Godfrey, qui mettait un point d'honneur à préparer des plats et des desserts plus élaborés que ceux de grand-mère, avait négligé de transmettre son savoir-faire culinaire à ma mère. En termes clairs, maman était une piètre cuisinière. Ses repas étaient essentiellement préparés à l'aide de conserves et de surgelés, ce qui était courant à l'époque. Notre repas préféré était composé de riz servi avec des bâtonnets de poisson Mrs. Paul ou de la soupe au poulet Campbell, le tout servi dans des assiettes de porcelaine et suivi, en guise de dessert, d'une crème anglaise rose pâle Junket servie dans un plat en cristal. On s'en accommodait sans songer à se plaindre, et j'ai appris qu'un steak n'était pas forcément une semelle de botte le jour où j'ai découvert chez les parents d'une amie que la viande de bœuf pouvait avoir du goût. Quoi qu'il en soit, on ne quittait pas la table sans avoir fini son assiette. J'ai gardé le souvenir d'être restée un soir jusqu'à plus de 21 heures, contrainte d'avaler mes dernières bouchées de saucisse bouillie et de choucroute.

Ce n'était pas le contenu de nos assiettes qui comptait le plus, mais le fait de manger ensemble. Les repas étaient l'occasion de rire, de rapporter les derniers potins et de raconter notre journée. C'était un moment de partage privilégié, plus rien ne comptait en dehors de ces dîners à la bougie.

J'ai lancé le principe du repas dominical chez moi lorsque je me suis mariée avec Joe. Nous avons conservé cette tradition même après le départ des enfants, y compris au cours des huit années de la vice-présidence de Joe, lorsque nous retournions dans le Delaware le week-end après avoir passé la semaine à Washington. Je repense avec émotion à tous ces repas dans notre cuisine de Wilmington, aux histoires que nous avons échangées, aux décisions que nous avons prises. La table de la cuisine est grande, mais il est rare qu'elle ne serve pas, y compris à présent que Joe et moi vivons seuls dans notre maison. Il y a toujours un enfant ou un petit-enfant qui arrive à l'improviste, quand il ne s'agit pas d'amis ou de voisins à qui nous proposons de rester dîner. Quand un assistant passe en prévision d'un événement officiel à organiser, le rendez-vous s'achève habituellement à table autour d'un bon repas, ce qui nous permet de prendre des nouvelles des enfants de chacun, ou des projets de vacances. Et même lorsque je me contente de commander des sandwiches chez le traiteur du coin, je sors toujours des serviettes en tissu et une bougie brille sur la table. Quitte à manger, autant savourer le moment et prendre plaisir à être ensemble.

*

Jusqu'à l'âge de dix ans, nous avons vécu dans une petite maison de Hatboro, en Pennsylvanie, qui n'avait que deux chambres, si bien que nous partagions la même, Jan, Bonny et moi. La mémoire est parfois surprenante. Je me souviens en particulier que la peinture bleu marine avait laissé sur les murs de petites aspérités. L'été, lorsque nous étions couvertes de piqûres de moustique, je n'avais qu'à m'allonger sur mon lit et frotter ma jambe contre le mur pour me gratter. L'hiver, pour se réchauffer, on dormait par terre dans nos chemises de nuit en flanelle avec nos couvertures parce que le sol de linoléum noir était chauffé. Au printemps, un rouge-gorge faisait invariablement son nid dans le rosier de la porte d'entrée ; nous savions que les oisillons étaient nés lorsque nous découvrions à son pied des coquilles bleu pâle.

Le jour où mon père a bénéficié d'une promotion, nous avons vécu pendant quelques années dans le New Jersey avant de nous installer dans une grande maison de Willow Grove, en Pennsylvanie, où j'avais ma propre chambre, sans avoir besoin de la partager avec mes sœurs. La pièce était meublée d'un grand lit dont la tête était équipée d'étagères à livres. J'avais également droit à une coiffeuse dont le grand miroir était éclairé de part et d'autre par des lampes en forme de caniche. J'avais accroché au mur toutes sortes de fanions, dont celui des Ice Capades[1]. Mes sœurs et moi étions fans de patin à glace, nos parents nous emmenaient l'hiver à Washington Crossing où les canaux gelés faisaient office de patinoire.

J'adorais mes sœurs, ce qui ne nous empêchait pas de nous disputer, comme dans toutes les familles. Comme j'étais l'aînée, c'était à moi que revenait la charge de surveiller mes deux cadettes lorsque les parents sortaient. À chaque fois, alors que nous n'avons qu'un an de différence, Jan se plaignait en hurlant que je n'avais pas à la commander, ce à quoi je lui répondais

1. Spectacle de danse sur glace créé en 1940, deux ans avant Holiday on Ice.

sur le même ton que *c'était* mon boulot. On se chamaillait dans la foulée, jusqu'à ce que je fasse taire Jan en l'immobilisant au sol, ou bien en lui disant quelque méchanceté imparable. Un soir où l'une de mes sœurs a cassé une de mes chères lampes en forme de caniche, je l'ai poursuivie à travers la maison en brandissant un tisonnier. Jamais je ne l'aurais frappée, mais elle ne pouvait pas s'en douter.

Quand ce n'était pas moi qui déclenchais la bagarre avec Jan, c'était elle, mais ma mère aura toutefois été à l'origine de l'altercation familiale la plus mémorable. L'incident est survenu pendant l'été qui a suivi ma sixième, un jour où maman est rentrée du New Jersey avec des cageots de tomates fraîches. Nous étions tous assis autour de la table lorsqu'elle a pris une tomate et l'a jetée à mon père avec un sourire espiègle. Paf! La chemise de papa s'est retrouvée couverte de pépins et de jus bien rouge. J'ai ouvert des yeux affolés, mais ma surprise s'est transformée en ravissement quand papa a pris à son tour une tomate pour se venger de maman. Je ne suis pas près d'oublier le chaos qui a suivi, cinq personnes se lançant des tomates à la figure à travers la pièce. Ma mère souhaitait que sa maison reste propre, mais cela ne l'empêchait pas d'aimer s'amuser.

Voir mes parents se bombarder de tomates reste l'un de mes souvenirs d'enfance les plus vibrants. C'est la seule fois où je les ai vus « se battre », même si j'imagine bien qu'ils ont dû avoir des désaccords. Ils veillaient soigneusement à nous les épargner, c'est tout. Ma mère ne manquait pas de caractère, ma sœur Bonny jure ses grands dieux l'avoir vue jeter un jour une assiette à la tête de mon père, façon frisbee. La vie de couple n'est pas de tout repos, mes parents ont connu des hauts et des bas, comme tout le monde, mais ils n'en montraient rien. C'était une façon de nous dire combien ils nous aimaient.

*

Enfant, j'adorais me rendre dans le magasin de Pa Godfrey. J'imaginais mes parents jeunes dans ce décor, discutant des heures durant de part et d'autre du comptoir. J'imaginais tout aussi facilement le regard assassin que Ma Godfrey devait adresser à mon père lorsqu'elle le voyait flirter avec ma mère.

Ma n'était pas très expansive, mais je partais du principe qu'elle m'aimait quand même. Le jour de sa mort, je suis allée lui rendre visite chez elle. Je l'ai trouvée allongée sur un lit médicalisé dans sa chambre, une infirmière à ses côtés. J'avais conscience de lui dire adieu. Quand je me suis penchée au-dessus d'elle pour l'embrasser, l'infirmière est intervenue :

— Allons, Mabel. Embrassez donc Jill.

— Non, lui a répondu Ma dans un murmure.

Ma réaction ne s'est pas fait attendre.

— Je sais bien que tu ne veux pas m'embrasser, Ma, mais ça ne m'empêchera pas de t'embrasser tout de même.

Ce que j'ai fait avant de quitter la pièce.

En dehors de ces considérations personnelles, Ma était très en avance sur son temps. Elle avait suivi des études universitaires à une époque où rares étaient les établissements qui accueillaient des femmes. Elle a été institutrice pendant cinquante ans et souhaitait que sa fille reçoive une éducation afin d'assurer son indépendance. Quand, enfant, je lui rendais visite, elle m'emmenait dans son école, un établissement primaire à l'ancienne avec une seule classe dans laquelle elle enseignait à des élèves de tous les niveaux. Elle avait une façon remarquable de leur faire la lecture, de les pousser à donner le meilleur d'eux-mêmes. Beaucoup étaient issus de milieux très pauvres et elle récupérait des manteaux qu'elle distribuait aux plus nécessiteux, pour lesquels elle tricotait des gants et des écharpes. J'ai toujours admiré sa générosité et sa façon d'inspirer ses élèves. C'est une leçon que je n'ai jamais oubliée lorsque je suis entrée à mon tour dans l'enseignement.

Ma Godfrey n'a jamais changé d'opinion sur l'union de mes parents, même avec le temps et l'arrivée de leurs cinq enfants. Nous avons tous fini par nous habituer à sa rancœur, y compris Pa, son mari, qui nous envoyait de petits colis remplis de bonbons et de chocolats. Il ne fallait surtout pas que Ma l'apprenne car elle refusait d'aider mes parents de quelque façon que ce soit. Avec le temps, nous avons toutes su que nos parents s'étaient mariés en cachette, mais il était hors de question de vendre la mèche à Ma si nous ne voulions pas que notre père en paye les conséquences.

De façon remarquable, lorsque le temps a passé, c'est mon père qui insistait auprès de ma mère pour qu'ils continuent de rendre visite le week-end à leurs parents respectifs. Maman aurait volontiers fait une entorse à la règle de temps en temps, mais papa n'était pas d'accord. Quand Ma Godfrey, vieillissante, est tombée malade, c'est lui qui s'est occupé d'elle en faisant ses comptes, en s'assurant qu'elle ne manquait de rien chez elle, en passant régulièrement la voir. Ma grand-mère avait tout l'argent dont elle avait besoin, puisque Pa avait été propriétaire de son commerce, mais mon père veillait sur elle, ce qui n'a pas de prix. Tous les gendres dans sa situation n'auraient pas forcément agi avec autant de panache.

C'était sa façon de réagir à ce qu'il avait vécu, en faisant preuve de gentillesse à l'égard d'une personne qui le détestait. En oubliant ses blessures d'amour-propre parce que la femme qu'il aimait le plus au monde était attachée à sa propre mère. Mon père possédait un sens aigu de la famille.

Dans son roman *Adam Bede*, l'écrivaine George Eliot (Mary Ann Evans de son vrai nom) a écrit un passage qui traduit à merveille l'amour que se vouaient mes parents, et dont je rêvais moi-même :

Quoi de plus beau pour deux êtres humains que de sentir qu'ils sont unis à vie. Qu'ils se donnent réciproquement de la force dans leurs entreprises, qu'ils peuvent s'appuyer l'un sur l'autre lorsqu'ils sont dans le chagrin, qu'ils sont en mesure de s'occuper l'un de l'autre lorsqu'ils souffrent, qu'ils sont réunis dans la masse indicible de leurs souvenirs à l'heure de se quitter à jamais ?

En dépit du rejet et des conflits de personnes, mes parents avaient réussi à se ménager un petit coin qui leur appartenait. En me concentrant, je suis encore capable de ressentir le bonheur qui émanait d'eux : leurs rires étouffés à l'avant de la voiture pendant que leurs filles dormaient sur la banquette arrière, mon père prenant ma mère dans ses bras pendant qu'elle préparait le repas, leurs chaises voisines à table. Leur amour, leur loyauté, leur dévouement inaltérable… c'est tout ce que je réclamais à l'univers : Accorde-moi un amour aussi fort que le leur. Je voudrais avoir ma propre famille.

2

REPOUSSER LES LIMITES

Vêtue de la chemise à boutons, de la jupe plissée et des collants qui constituaient mon uniforme au collège, j'ai gravi la rue en pente de la maison de mes parents et tourné dans celle où vivait un gamin nommé Drew. J'avais treize ans et aucune intention de me laisser marcher sur les pieds. Je n'avais aucune idée de qui serait là, ce qui ne m'a pas empêchée de tambouriner à la porte. Drew a paru surpris de me découvrir sur le seuil, ce qui ne l'a pas empêché de me dévisager avec toute l'assurance de la brute de quartier qu'il était, du haut de ses onze ans. À peine avait-il écarté le battant que je lui envoyais mon poing à la figure.

— Ne t'avise jamais plus de jeter des vers de terre à la tête de ma sœur!

Sur ces mots, j'ai tourné les talons et regagné la maison familiale en courant.

Bonny avait tout juste neuf ans. C'était une enfant calme, bien qu'elle soit devenue par la suite une adolescente extravertie pleine de vie, pom-pom girl en chef au lycée et membre du conseil des élèves. Mais alors qu'elle manifestait sa force de caractère à la maison, tout comme moi, elle était d'une grande timidité qui l'empêchait de se défendre face aux autres gamins du quartier. Drew la torturait si souvent avec ses vers de terre qu'elle avait fini par en avoir la phobie. Un trait qui ne l'a jamais quittée depuis.

J'ai couru à toutes jambes en me massant la main et me suis ruée dans la maison, le cœur battant. Bonny se trouvait dans la salle à manger avec mon père, qui rentrait tout juste de son travail.

— Papa ! Je viens d'envoyer mon poing à la figure d'un gamin qui embête Bonny avec des vers de terre !

En 1964, tous les pères de famille n'auraient pas été ravis d'apprendre que leur enfant de treize ans, une *fille* qui plus est, s'était battue, mais mon père rayonnait littéralement.

— Bien joué, ma Jilly-bean ! Il faut toujours veiller sur sa sœur.

*

Il est facile d'idéaliser le passé, en particulier lorsque l'on a vu le jour au sein d'une famille unie comme la mienne dans une banlieue de Philadelphie, au cœur des années 1950. Un cocon d'enfance idéal. Nous attrapions des lucioles les soirs d'été, nous grimpions aux arbres et nous promenions dans les bois sans surveillance. Les traités sur la parentalité n'existaient pas – pas chez les Jacobs, en tout cas –, si bien que ma mère et mon père se contentaient d'éduquer leurs filles instinctivement, pour le meilleur et pour le pire.

Les psychologues vous diront que les enfants qui se savent aimés et appréciés ont volontiers tendance à repousser les limites qui leur sont imposées. L'obéissance n'est pas nécessairement la preuve d'un comportement vertueux ; on dit parfois qu'elle est synonyme de résignation. Se rebeller au moment de l'adolescence contre les représentants de l'autorité, qu'il s'agisse des parents ou des enseignants, peut figurer une façon d'affirmer ce que nous croyons, ou qui nous sommes.

En ma qualité d'aînée de cinq filles, j'ai été la première à repousser les limites fixées par mes parents. Je ne respectais pas toujours le couvre-feu de minuit le week-end, si bien que mes parents finissaient par m'interdire de sortir lorsqu'ils me voyaient rentrer à point d'heure. Enfermée dans ma chambre, je trouvais le moyen d'échanger des petits mots avec ma voisine. Nos maisons étaient si proches que nous avions installé un système de fils et de poulies entre les fenêtres de nos chambres respectives. Nous échangions des messages idiots, accrochés sur le fil à l'aide d'une pince à linge, et la punition me semblait passer plus vite.

Les soirs où je me sentais d'humeur aventureuse, je trouvais le moyen de m'échapper une fois mes parents endormis.

Entre juin et août, le club de natation d'Upper Moreland était le lieu de rendez-vous de la plupart de mes amis. Un refuge contre les attaques impitoyables du soleil, à condition d'avoir les moyens de se payer une carte de membre, ce qui n'était pas mon cas ni celui de mon amie Susan. Nous étions parfois admises en qualité d'invitées, ce qui nous rappelait que nous n'étions pas les bienvenues dans ce paradis pour adolescents, au point de décider avec Susan de pénétrer dans le club par effraction.

Les soirs convenus, bien après minuit, je descendais l'escalier sur la pointe des pieds. Une fois dans la rue, je parcourais le petit kilomètre qui me séparait de la maison de Susan. Cette dernière venait me rejoindre et il restait deux kilomètres et demi jusqu'au club de natation. Comme il faisait noir du fait de l'absence de réverbères, nous marchions au milieu de la rue dont l'asphalte avait emmagasiné la chaleur de la journée.

Cela nous obligeait à nous cacher chaque fois qu'arrivait une voiture, afin d'éviter qu'un bon Samaritain (ou un kidnappeur) propose à deux ados de treize ans de monter dans son véhicule. Avant d'arriver à la piscine, il fallait traverser l'autoroute en évitant soigneusement les autos qui filaient à cent à l'heure. Avec le recul, je me dis que nous étions complètement inconscientes de traverser un axe aussi important à 3 heures du matin. Cet obstacle franchi, il ne nous restait plus qu'à passer au-dessus du grillage de clôture.

Après quoi la piscine nous appartenait. Une heure durant, sans personne pour nous en empêcher, nous n'avions plus qu'à multiplier allègrement les plongeons, à franchir le grillage dans l'autre sens et à regagner nos domiciles respectifs dans l'obscurité. Mes parents, qui dormaient à poings fermés, n'en ont jamais rien su, ce qui est aussi bien car ils m'auraient définitivement privée de sortie.

*

Mon père avait tendance à m'exaspérer quand j'étais adolescente. De mes deux parents, c'était lui le plus sévère, celui qui avait la tâche peu enviable de faire marcher droit ses cinq filles. Lorsque maman se mettait en colère et nous criait dessus, cela ne durait jamais plus de quelques secondes, tout le monde finissait par éclater de rire. À l'inverse, les colères et les cris de papa étaient bien réels. J'étais celle qui se prenait le bec avec lui le plus fréquemment, non seulement parce que j'étais la plus âgée, mais aussi parce que nous étions tous les deux dotés d'un caractère entier et d'opinions bien tranchées. Volontaires, parfois critiques, nous avions des attentes élevées vis-à-vis des personnes que nous aimions et, plus encore, de nous-mêmes.

Je dis souvent que le père est le premier héros de ses enfants, et c'était le cas du mien. J'étais volontiers en quête de son approbation et faisais tout pour l'impressionner. Lorsque je lui ai annoncé mon intention de poursuivre des études universitaires, il ne m'a pas demandé pourquoi, mais où. Et lorsque je lui ai fait part de mon envie de passer une thèse, il s'est contenté de répondre : « Tu as mis du temps à te décider. » Il m'arrivait de me dire qu'il attendait trop de moi. D'un autre côté, le jour où j'ai couru mon premier marathon, à quarante-sept ans, c'est lui que j'ai appelé en premier. Le rendre fier de moi me comblait. Notre père était avare de compliments, mais il suffisait qu'il dise : « Bon boulot » pour savoir que nous avions mérité son respect.

Nous avions beau nous aimer énormément, mon père et moi, cela ne nous empêchait pas de nous accrocher régulièrement, en particulier pendant mon adolescence. Quand il était très en colère, il me traitait d'« animal à sang froid ». J'en souris aujourd'hui, mais je trouvais ça nettement moins amusant à l'époque, ce qui me poussait à me venger.

Quand ma mère était enceinte des jumelles, elle me donnait vingt-cinq cents pour m'occuper du repassage afin de lui éviter de trop longues stations debout. Je m'acquittais consciencieusement de ma tâche, mais au moment de repasser les caleçons de mon père, j'abusais volontairement de la bombe d'amidon, sachant que ça le gratterait aux endroits les plus délicats. J'ai savouré ma vengeance, jusqu'au jour où ma mère m'a démasquée et demandé d'arrêter.

J'ai découvert la cigarette vers l'âge de quinze ans et il m'arrivait de fumer dans ma chambre, assise près de la fenêtre, de façon à souffler la fumée à l'extérieur.

Mes deux parents fumaient à l'intérieur de la maison, de sorte que je ne m'inquiétais pas d'être trahie par l'odeur du tabac. Je cachais les cigarettes et le cendrier sous mon lit, avec mes romans « cochons ». Une cachette idéale, jusqu'au jour où mon père est entré dans ma chambre un après-midi, à la recherche de je ne sais quoi.

Horrifiée, je l'ai vu s'accroupir et regarder sous le sommier, tendre la main et sortir le cendrier de sa cachette. Il s'est relevé, m'a regardée, et m'a demandé d'une voix posée :

— Tu fumes ?

— Oui.

Je savais déjà que cette histoire se terminerait mal. Il était trop calme.

— Rejoins-moi dans la véranda, a-t-il réagi avant de tourner les talons et de quitter la pièce.

Je lui ai emboîté le pas et nous nous sommes assis devant la table de pique-nique. Je n'en menais pas large.

— Je ne veux pas que tu fumes, m'a-t-il dit. C'est une habitude détestable.

Sur ce, il m'a tendu trois cigares.

— Je te demande de les fumer tous les trois en avalant la fumée.

Comme j'ouvrais de grands yeux, il a insisté.

— Allez !

Et il a glissé le premier cigare entre mes lèvres.

Je me suis mise à tousser dès la première bouffée, les poumons agressés par une fumée aussi épaisse que douceâtre, sous le regard impassible de mon père. Je reprenais tout juste mon souffle quand il m'a ordonné de continuer. Cette nouvelle inhalation a provoqué chez moi une nouvelle quinte de toux et le temps de terminer ce premier cigare, j'avais les poumons en feu et la gorge à vif. J'avais la nausée et il me restait deux cigares à fumer.

J'ai fini par m'acquitter de ma corvée, mais j'avais à peine recraché la dernière bouffée que je me précipitais dans la salle de bains pour vomir. Plusieurs fois. J'étais dans un tel état que mon père a fini par avoir pitié de moi. Je l'ai entendu toquer, tout penaud.

— Allez, Jill. Descends.

Comme je ne répondais pas, il a tenté à nouveau sa chance.

— Allez, viens ! On va commander des sandwiches.

Des sandwiches ! Comme si j'étais en état d'avaler quoi que ce soit ! Comme si j'avais l'intention d'enterrer la hache de guerre ! Quand bien même j'aurais été en capacité de manger, j'aurais refusé dans le seul but de le contrarier. En fin de journée, ma nausée en passe de disparaître et mon appétit de retour, j'ai envisagé une expédition discrète jusqu'à la cuisine, à l'insu de mon père, mais il aurait fallu me payer cher pour que j'avale un de ces sandwiches, si bien que j'ai fini par me coucher l'estomac vide et le cœur lourd.

Cet épisode ne m'a pas dégoûtée de la cigarette. Pas tant par goût que par esprit de contradiction. Dans mon entêtement, je refusais de me laisser influencer par l'avis de mes parents. Quand ils ont compris que je ne renoncerais pas, mon père a fini par céder.

— D'accord. Tu as le droit de fumer, mais uniquement à la maison.

Pas question que leur fille de quinze ans soit vue dans la rue par tout le voisinage, une cigarette aux lèvres. Toujours est-il que nous avions trouvé un compromis, ce qui m'a permis de continuer à fumer à la maison jusqu'à ce que j'arrête la cigarette à mon entrée à l'université, quand j'ai compris que je n'avais plus rien à prouver.

*

Tous ceux qui m'ont connue à cette époque rebelle n'auraient jamais pu deviner que j'épouserais un jour un garçon aussi calme que Joe. Il faut avoir des qualités bien particulières si l'on entend réussir en politique, et je n'en suis pas dotée naturellement. Joe a toujours fait preuve d'élégance et de dignité dans son approche de cet univers. Auprès de ses alliés comme de ses adversaires, il s'est forgé la réputation de quelqu'un qui tient parole, sait écouter les autres, et se montre capable de rompre avec les dogmes pour avancer. C'est un homme d'État dans toute l'acception de cette expression.

Il s'agit de l'une de ses qualités les plus remarquables, mais je mentirais en affirmant que cela ne m'énerve jamais. Par exemple lorsque nous croisons par hasard l'un de ses collègues et que Joe se lance avec lui dans une conversation amicale. À peine notre interlocuteur s'est-il éloigné que je me tourne vers Joe.

— Mais enfin ! À quoi penses-tu ? Tu ne te souviens donc pas de toutes les horreurs que ce type a colportées sur ton compte l'an dernier ?

— Non, j'ai oublié.

Joe est capable de tout pardonner. Il n'est absolument pas rancunier, de sorte que je finis par l'être. C'est moi qui remonte la rue pour casser la figure de la brute qui terrorise ma sœur. Je n'oublie jamais le mal que l'on a infligé à ceux que j'aime. Je suis capable de pardonner, bien sûr, mais je ne vois pas l'intérêt de récompenser la méchanceté.

À la vérité, je n'ai jamais renoncé à la détermination proche de l'entêtement qui était la mienne à l'adolescence. Je déteste toujours autant les interdits, même si j'ai appris avec le temps à me défendre plutôt qu'à laisser éclater ma colère.

Dans les années 1970, être l'épouse d'un sénateur s'accompagnait de lourdes responsabilités sociales. On attendait de moi que je reste à la maison pour m'occuper des enfants à plein temps et me consacrer à la carrière de Joe. Je m'en suis accommodée un temps, et j'ai toujours soutenu Joe, mais je savais dès le départ que je serais incapable de vivre uniquement à travers lui, si bien que je me suis remise au travail en étudiant le soir. Cela m'aura pris quinze ans, mais j'ai finalement obtenu deux masters, l'un en sciences de l'éducation et l'autre en anglais, avant de soutenir une thèse de leadership en éducation. Joe s'est longtemps moqué de moi, prétendant que mon véritable but était de ne plus recevoir de courriers adressés à « M. le sénateur et Mme Biden ». Il est vrai que je déteste être appelée Mme Biden. Mme Biden, c'est la mère de Joe, pas moi.

Joe m'a apporté son soutien plein et entier tout au long de ma carrière. J'ai su très tôt que l'enseignement ne serait jamais pour moi un travail banal. Je me définis à travers ma carrière. Je me suis éloignée un temps de mon métier pour devenir mère de famille à plein temps, avant de recommencer à enseigner dès que les enfants ont été assez grands. J'étais incapable de renoncer durablement à ma vocation, et lorsque j'ai annoncé à Joe mon intention d'obtenir un poste au North Virginia Community College (NOVA pour les intimes) à la suite de l'élection présidentielle de 2008, il m'a tout de suite donné raison.

Il semble que ce soit une grande première, que toutes celles qui m'ont précédée comme épouse d'un vice-président en exercice n'ont jamais travaillé à temps plein. Certains ont voulu y voir le signe que j'étais une femme de mon temps, tandis que d'autres me reprochaient de ne pas prendre suffisamment au sérieux mon rôle de femme du vice-président des États-Unis. Il n'a pourtant jamais été dans mon intention d'affirmer quoi que ce soit. J'avais tout simplement envie de poursuivre l'activité qui me tient le plus à cœur.

Huit années durant, contre l'avis de plusieurs hauts conseillers, j'ai mené une double vie. Chaque lundi, je rejoignais l'aile Eisenhower de la Maison-Blanche où se trouvait mon bureau, avec son sol rutilant et ses colonnes de marbre, une majestueuse cheminée, et d'immenses baies vitrées donnant sur les pelouses du National Mall ; le lendemain, à douze kilomètres de là, je retrouvais mon petit box du campus de NOVA à Alexandria, en Virginie, de sorte que je passais ma semaine à naviguer d'un monde à l'autre.

Il m'arrivait de rompre avec ce rythme, en particulier les soirs où je corrigeais mes copies dans un petit recoin, sous le sceau officiel du vice-président des États-Unis dans le bureau réservé à ce dernier à bord d'Air Force Two, chaque fois que j'accompagnais Joe lors d'un déplacement officiel. Cette double vie, entre les partiels semestriels et les réceptions d'État, m'a toujours plu. Dîner avec les responsables les plus puissants de la planète et donner des cours à des mères célibataires désireuses de décrocher un meilleur emploi, m'enfermer dans les toilettes de NOVA pour enfiler une robe de cocktail et des escarpins en prévision de la réception qui m'attendait à la Maison-Blanche.

J'étais heureuse de mon statut de Deuxième Dame. C'était à mes yeux un honneur incroyable, mais le rôle qui m'a toujours convenu le mieux est celui de « professeure B. ». Apprendre à de jeunes étudiants à composer une dissertation de façon qu'ils puissent poursuivre des études universitaires. Aider d'anciens militaires de métier à comprendre comment les expériences acquises au combat pourront les aider dans le civil. Jamais je n'aurais pu renoncer à cette part essentielle de moi-même. J'ai toujours trouvé mon équilibre personnel dans ce contexte compliqué, ce qui me rend d'autant plus heureuse d'avoir réussi à allier ces deux mondes grâce à mon *entêtement d'animal à sang froid.*

*

Autant l'autoritarisme de mon père me rebutait, autant ma mère m'a confortée dans ma propre personnalité. Elle n'avait de cesse de m'encourager, pas forcément physiquement car ce n'était pas la reine des câlins. Sa présence se manifestait de façon différente. Elle était toujours à l'écoute de nos soucis et de nos craintes. Je n'ai jamais connu quelqu'un de plus tolérant qu'elle, au point de regretter souvent de n'avoir pas suffisamment imité son exemple. Consciente des faiblesses d'autrui, elle était plus prompte à aider qu'à critiquer. De ce point de vue, elle était l'opposé de sa propre mère. Ma Godfrey avait un jugement sur chacun et sur tout, il suffit pour s'en convaincre de voir comment elle a traité mon père. Avec le recul, c'est probablement ce qui a poussé ma mère à basculer dans la direction inverse.

Comme maman accordait sa confiance aisément, mes sœurs et moi jugions que nous pouvions tout lui dire. Je lui ai parlé de mon premier petit ami, je l'ai tenue au courant quand certains copains de classe ont commencé à fumer de la marijuana (de *l'herbe*, comme on disait à l'époque), ou encore lorsqu'une fille du lycée est tombée enceinte. Je n'ai jamais hésité à lui confier tous mes secrets.

*

Bien des années plus tard, rien ne me manque plus que la voix de ma mère au téléphone. Pas uniquement ce qu'elle me disait, mais la sonorité de cette voix, ses intonations, le rythme de ses soupirs. Elle seule avait le don de m'apaiser en période de crise. Il me suffisait d'entendre sa voix pour que mes chagrins et mes frustrations s'en trouvent apaisés. Je regrette infiniment de ne pas avoir enregistré cette voix, mais c'est le genre de détail auquel on ne pense jamais avant qu'il soit trop tard. On ne prend la vraie mesure des petits riens qu'après leur disparition.

J'ai gardé au fond de moi l'amour que ma mère portait à ses filles. Celui de mon père aussi, en dépit de nos querelles, ou peut-être à cause d'elles. C'est grâce à eux que j'ai travaillé autant, que j'ai su prendre des risques et que je me suis relevée chaque fois que je tombais.

A. A. Milne, l'auteur de *Winnie l'ourson*, a écrit : « L'un des avantages d'être désordonné est que l'on fait constamment de nouvelles découvertes. » Depuis mon adolescence, et aujourd'hui encore, j'ai pu constater à quel point mon caractère désordonné avait joué un rôle dans mon existence. Les découvertes que j'ai pu faire m'ont presque toujours éclairée sur des aspects de ma personnalité dont je n'étais pas consciente. Je serai éternellement reconnaissante à mes parents de m'avoir insufflé l'envie d'explorer le monde qui m'entourait lorsque j'étais enfant. Les leçons que j'en ai tirées, les bonnes comme les mauvaises, m'ont certainement guidée au moment où je me lançais tête baissée dans un nouveau et pour le moins chaotique chapitre de ma vie.

3

LA FIN DE L'ENFANCE

Nous sommes riches aussi de nos misères.

Antoine de Saint-Exupéry

J'ai grandi à l'époque de *Blanche-Neige*, *Cendrillon*, *Pinocchio* et *Dumbo*, et tiré de leur exemple une leçon de vie simple : les princesses douces et travailleuses trouvent immanquablement leur prince. La marionnette en bois, en découvrant l'honnêteté, se métamorphose en petit garçon. L'éléphanteau maltraité finit par comprendre sa force et se retrouve sous les projecteurs, au grand dam de ses bourreaux et des cyniques. Avec l'âge, je me suis plongée dans les romans d'aventures, à l'image de la série *Alice* de Caroline Quine ou de ma préférée, celle des jumeaux Bobbsey, dont les problèmes trouvaient inévitablement une solution avec un peu de courage et d'intelligence.

Ces romans reflétaient mon désir de croire en un monde où la vie était globalement juste. Où les bonnes actions et les honnêtes gens étaient récompensés. Nous racontons à nos enfants des histoires censées les inciter à se montrer tolérants, à travailler dur, à semer le bien autour d'eux, avec l'assurance qu'une fois le livre terminé, ils vivront heureux jusqu'à la fin de leurs jours. À ceci près que tous les enfants ne grandissent pas en écoutant de telles histoires. De la mythologie grecque à l'histoire de Job, chaque génération propose sa propre vision du monde en tenant compte d'une réalité inéluctable : nul ne sait jamais à quel moment la tragédie frappera à sa porte. Il arrive que des honnêtes gens s'écartent du droit chemin sans raison apparente. Les dieux reprennent facilement ce qu'ils nous accordent.

Si j'avais grandi avec d'autres histoires, peut-être aurais-je été mieux préparée au monde qui m'attendait aux portes de Willow Grove, en Pennsylvanie, mais on m'avait vanté les mérites des princes courageux et des bannières étoilées. J'étais persuadée que l'amour était plus fort que tout, que la justice triomphait invariablement. Sur le long terme, je n'avais pas tort, mais je n'ai pas tardé à comprendre qu'on m'avait épargné nombre de détails importants.

*

Un lundi soir glacial de 1969, je me trouvais dans un appartement de Newark, dans le Delaware, en compagnie de plusieurs amis de la fac. Hypnotisés par un petit poste de télévision, nous regardions dans un silence pesant l'étrange manège de messieurs en costumes sombres, installés autour d'un gros bocal en verre. L'un des messieurs a tendu la main et tiré de l'urne une capsule oblongue de couleur bleue qu'il a tendue à l'un de ses compagnons. L'intéressé a ouvert la capsule dont il a sorti un carré de papier avant de lire à voix haute le message qui y figurait : « Le 14 septembre. »

Pour la première fois depuis la Seconde Guerre mondiale, de jeunes Américains étaient appelés sous les drapeaux afin de servir leur patrie au Viêtnam. La mobilisation se déroulait sous forme de loterie, les jeunes gens nés le 14 septembre seraient les premiers à rejoindre les rangs de l'armée en 1970 sous le numéro 001. À chaque fois qu'une nouvelle date tirée au sort se trouvait punaisée sur le grand tableau, nous retenions notre souffle. Le garçon avec lequel je sortais s'est retrouvé avec le numéro 042, et plusieurs copains ont écopé de numéros inférieurs. Penser que des vies humaines étaient rattachées à ces petites capsules en plastique paraissait surréaliste. Comment un objet aussi insignifiant pouvait-il décider de l'avenir de tant d'êtres humains ?

Avant même d'avoir quitté la maison familiale, j'avais pris conscience que les plaques tectoniques de notre monde étaient instables. Un vendredi de 1963, tous les collégiens de l'établissement que je fréquentais avaient été conviés d'urgence à se rendre dans les tribunes du gymnase. Comme un bal avait lieu le soir même au collège (ce qui n'était pas un mince événement), j'étais persuadée que cette convocation y était liée. Lorsque le principal nous a annoncé d'une voix grave que le président Kennedy avait été assassiné, un grand silence s'est abattu sur le gymnase. Sous le choc, nous avons entendu le principal nous expliquer que les bus scolaires passeraient plus tôt que d'habitude afin que nous puissions rentrer chez nous au plus vite.

La nation tout entière a porté le deuil au cours des deux journées qui ont suivi. Les commerces sont restés fermés, les gens pleuraient ouvertement dans la rue. Le dimanche, une grande partie de l'Amérique a suivi à la télévision le transfert de Lee Harvey Oswald dans les sous-sols des locaux de la police de Dallas. Toute la famille Jacobs se trouvait réunie devant le petit écran chez Ma lorsque Jack Ruby s'est jeté devant Oswald et l'a abattu en direct d'une balle dans le ventre. En cet instant terrifiant, la dure réalité des années 1960 a contribué à l'effondrement des murs de mon enfance idyllique. Ce n'était que le début. La violence emporterait Martin Luther King et Bobby Kennedy plus tard dans la décennie, les meurtres de ces figures majeures de l'Amérique feraient trembler le pays tout entier sur ses bases.

Malgré ces bouleversements, notre vie à Willow Grove échappait aux tumultes de la politique, qu'il s'agisse des manifestations, des batailles parlementaires ou de l'essor de la contre-culture. Mon quotidien tournait autour de l'école, des réunions de scoutisme, des répétitions de pom-pom girls et des passages chez Dairy Queen, une chaîne spécialisée dans les crèmes glacées. Mes parents ne parlaient jamais ouvertement de politique, même s'ils ne se cachaient pas d'être encartés au Parti républicain. Les journaux nous donnaient un aperçu de ce qui se passait dans le monde, certains parents murmuraient les mots drogue et rock'n'roll, mais cela restait extrêmement ténu. Adolescente, ma vie se limitait essentiellement à mes notes en classe et aux petits boulots que je trouvais l'été.

Tout a changé à l'âge de dix-huit ans lorsque je suis entrée à l'université du Delaware et que les failles de notre société me sont apparues en pleine lumière.

À l'image de la plupart des Américains, je suivais l'actualité à la télévision avec mes amis tous les soirs. Nous étions la première génération à assister en direct à une guerre à l'heure des infos. Rien ne nous échappait : les ravages causés par les bombes au napalm, le massacre de My Lai, les jeunes soldats blessés et torturés. Nous assistions au défilé des cercueils recouverts d'un drapeau. Nous serrions dans nos bras les amis qui partaient rejoindre leur unité, la peur au ventre, en espérant échapper aux horreurs auxquelles ils seraient bientôt confrontés.

Je n'ai personnellement perdu aucun proche au Viêtnam, mais l'un de mes amis a été blessé par balle. Ici, aux États-Unis.

Je regardais le journal télévisé un soir de mai 1970 lorsqu'on nous a annoncé que la Garde nationale de l'Ohio avait ouvert le feu sur des étudiants de l'université d'État de Kent venus manifester. Quatre d'entre eux étaient morts. À mesure que défilaient à l'écran leurs noms et ceux de leurs camarades blessés, j'ai sursauté en découvrant un nom qui me parlait. Celui de Scott McKenzie. *Scott? Scott, du lycée Council Rock?* Il y avait forcément erreur, il ne pouvait pas avoir été blessé par une unité de notre Garde nationale. Le temps de passer quelques coups de fil, j'en ai pourtant eu la confirmation.

Scott, à vingt-deux ans, était un peu plus âgé que moi. Il faisait partie du service d'ordre ce jour-là, si bien qu'il ne manifestait pas en tant que tel, malgré son hostilité à la guerre, lorsque les coups de feu ont éclaté. Il avait cru dans un premier temps que les Gardes nationaux tiraient à blanc, jusqu'à ce qu'un projectile l'atteigne à l'arrière du cou et traverse son visage.

Un camarade a réussi à le conduire d'urgence au dispensaire des étudiants et il s'est remis de sa blessure, mais ses cicatrices étaient là pour lui rappeler que l'esprit de la nation tout entière avait basculé à jamais. Le drame de Kent State a provoqué un tollé général. Des manifestations ont eu lieu un peu partout, au point que des centaines d'établissements universitaires ont décidé de fermer leurs portes.

On m'avait élevée en me laissant croire que notre pays était foncièrement bon, mais ce que je découvrais le soir aux infos m'apportait la preuve que l'Amérique ne respectait pas la vie, qu'il s'agisse de celle des jeunes qui mouraient dans ce conflit absurde, des étudiants qui s'opposaient au gouvernement en exigeant le retour de la paix, ou encore des familles innocentes, très loin de chez nous, victimes de tristes calculs géopolitiques. Je n'ai pas le souvenir de manifestations organisées sur le campus de mon université, je n'y aurais probablement pas participé de toute façon. À quoi bon ajouter ma voix à tout ce tintamarre, puisque le gouvernement restait sourd à nos appels ?

*

En dépit des sentiments de frustration que m'inspirait la guerre, j'étais heureuse de la liberté dont je disposais en tant qu'étudiante. J'avais troqué mes tenues strictes contre des pantalons à pattes d'éléphant et des sabots, laissé pousser mes cheveux jusqu'à la taille, comme certains des garçons avec qui je sortais. D'un seul coup, l'ordre établi se trouvait bouleversé.

La révolution féministe battait son plein, des militantes telles que Gloria Steinem et Betty Friedan incitaient les femmes à prendre leur destin en main. Pour la première fois de ma vie, je prenais conscience du déséquilibre flagrant entre hommes et femmes au sein de la société. Rares étaient celles qui occupaient des postes à responsabilités, que ce soit dans le secteur privé, dans les hôpitaux, en politique ou dans l'univers scientifique. On demandait aux femmes de rester à la maison, et celles qui choisissaient de travailler bénéficiaient rarement du salaire, des avantages sociaux et de l'avancement offerts à leurs collègues masculins. Dans la majeure partie du pays, les femmes n'avaient pas accès à des prêts bancaires. Ces disparités me sont apparues clairement lorsque j'ai pris mon premier poste d'enseignante : alors qu'on me proposait un salaire annuel de 7 500 dollars, un homme dans la même situation était payé 10 000.

Très jeune, j'avais compris que je ne voulais pas reproduire l'exemple de ma mère, qui était pourtant heureuse de son statut de mère au foyer. Elle avait toujours eu d'excellentes notes au lycée, ce qui ne l'a pas empêchée de renoncer à ses études universitaires pour se consacrer à mon père. Curieusement, je ne lui ai jamais demandé quelle carrière elle aurait choisie. Tout indiquait que sa vie se résumait à son mari et ses enfants, nuit et jour. Si elle a eu d'autres ambitions, elle ne les a jamais exprimées.

Une fois mon père parti à son travail, ma mère faisait le ménage et s'occupait de ses filles. Jamais elle ne prenait le temps d'un déjeuner entre amies, jamais elle ne regardait la télévision. Son unique passion était la lecture, elle passait des heures à lire ou faire des mots croisés, et semblait se satisfaire de cette existence.

J'aspirais personnellement à une vie différente. Lorsque j'étais enfant, une publicité dans le magazine *Parade*, auquel on avait droit en achetant l'édition dominicale du journal local, me laissait songeuse. Elle vantait les mérites du bourbon Seagram et montrait deux demeures côte à côte. En les regardant, je pensais aux différents parcours que pourrait emprunter ma vie. Je rêvais d'aventure et d'indépendance. Je me promettais de tenter ma chance dans des maisons qui ne ressembleraient en rien à la mienne, afin de savoir laquelle me conviendrait le mieux.

Tout en poursuivant mes études universitaires, je réfléchissais à ma carrière future, inspirée par l'exemple de Ma Godfrey. Pour la première fois, l'université du

Delaware me permettait d'entrevoir l'avenir. J'arpentais le campus et les rues de Newark pour aller retrouver mes amis dans les bars locaux où nous passions nos soirées. À l'image de beaucoup d'étudiants des deux sexes, j'entrais dans la vie adulte, impatiente de savoir où celle-ci me mènerait.

Comme le campus de l'université du Delaware était modeste à l'époque, il était facile de se lier avec d'autres à force de croiser les mêmes personnes. C'est ainsi que j'ai fait la connaissance d'un jeune type très sociable prénommé Frank, originaire de Wilmington. On se saluait régulièrement, prenant parfois le temps de discuter. Je n'ai prêté attention à son patronyme que bien plus tard : le nom de famille de Frank était Biden.

Il s'agissait du frère cadet de Joe, dont je n'avais évidemment jamais entendu parler à l'époque. Joe était un jeune élu du comté de New Castle, un avocat local dont personne n'imaginait alors qu'il se présenterait un jour au Sénat. De toute façon, je me désintéressais totalement de la politique, me contentant de voter. Je n'avais jamais suivi une campagne électorale, je ne m'étais jamais inscrite à un cours de sciences politiques, rien de rien. Mon intérêt pour la campagne sénatoriale de Joe s'est trouvé éveillé par quelqu'un d'autre : mon mari.

*

En 1969, l'année de mon entrée à l'université, était sortie une chanson des Rolling Stones intitulée *You Can't Always Get What You Want* et je suis tombée amoureuse d'un ancien joueur de football américain, un grand gaillard qui avait une Camaro jaune. Nous nous sommes mariés l'année suivante, alors que je n'avais pas encore dix-neuf ans. Avec le recul, on est en droit de penser que ce mariage était une erreur de jeunesse, ce qui ne m'a pas empêchée d'être persuadée sur le moment que nous étions faits l'un pour l'autre. C'était un garçon charismatique et entreprenant qui a fini par créer sa propre entreprise. Nous avons loué une jolie maison moderne et voilà que je n'étais plus une simple étudiante, mais une épouse. C'est moi qui faisais les courses et m'occupais de décorer notre intérieur. Mes parents y trouvaient d'autant moins à redire qu'ils adoraient mon mari. Le plus important à mes yeux n'en était pas moins d'avoir trouvé l'amour, comme eux. Nous avons été heureux au début. J'avais trouvé mon prince charmant et j'étais convaincue que le conte de fées durerait éternellement.

Mon mari s'intéressait beaucoup plus à la politique que moi et soutenait ardemment la campagne sénatoriale du candidat Joe Biden. Au cours de l'été 1972 sont apparus sur la table de la cuisine des tracts de campagne de Joe. Les chances de ce dernier étaient infimes, il relevait un défi impossible. Il était très jeune (il fallait avoir trente ans pour devenir sénateur, et Joe ne les a eus qu'au lendemain de l'élection) et faisait face au sénateur républicain sortant, J. Caleb Boggs, dans un État où les démocrates n'avaient pas le vent en poupe. Son équipe, loin d'être composée de professionnels de la politique, se limitait à sa famille, sa sœur Val étant sa directrice de campagne. Il disposait d'un trésor de guerre nettement moins important que celui de son adversaire et son refus de promettre quoi que ce soit à ses bailleurs de fonds éventuels le privait de leur soutien. Il avait même hypothéqué sa maison pour rester dans la course.

Aucune personne saine d'esprit n'aurait misé un sou sur lui, même si son discours de campagne trouvait un écho favorable dans les loges des Elks[1] comme auprès de la clientèle populaire des cafés et des salons de coiffure du Delaware. À ce titre, Joe avait fait forte impression auprès de mon mari.

Je continuais de fréquenter les bancs de l'université à plein temps, de sorte que je ne prêtais qu'une attention lointaine à cette élection. En revanche, j'aurais été ravie de voir disparaître de notre petite table de cuisine les tracts pro-Biden qui s'y entassaient. Contre toute attente, Joe Biden a réalisé l'impossible au mois de novembre. Jusqu'au jour du scrutin, les sondages le donnaient perdant, mais il a raflé la mise ce soir-là avec quelque trois mille voix d'avance. Incapable d'échapper à l'excitation du moment, je me suis laissé convaincre de fêter la victoire avec la promesse d'un bon dîner en fin de soirée.

La fête se déroulait à l'hôtel Du Pont, dans le centre-ville de Wilmington, un vieil établissement à l'élégance raffinée avec ses escaliers de marbre, ses mosaïques au sol et ses lustres étincelants. Il flottait dans l'air une sorte de magie, comme si un miracle venait de se produire et que nous en étions les témoins. Le lieu était bondé, la liesse palpable. L'énergie, le bruit, l'émotion et la chaleur étaient un peu trop pour moi, je m'apprêtais à repartir avec l'intention de savourer le dîner promis quand j'ai remarqué une femme blonde qui fendait la foule en serrant des mains.

Sa beauté naturelle donnait presque le sentiment qu'elle n'était pas à sa place au milieu de toute cette foule excitée. Elle parvenait surtout à rester calme et souriante en présence de tous ces étrangers, son bonheur

1. Cette fraternité fondée en 1868, forte de plus d'un million de membres, développe un fort discours social.

et sa fierté ne m'ont pas échappé. Il s'agissait de Neilia Biden, la femme de Joe. Emportée par l'enthousiasme du moment, je me suis approchée en la félicitant de cette victoire. Elle m'a adressé un grand sourire en me remerciant. Je ne savais quasiment rien d'elle, mais je me souviens avoir été frappée par le tableau inhabituel que formait la famille Biden : un jeune et fringant sénateur fermement décidé à rendre le monde meilleur ; une femme ravissante qui symbolisait le soutien infaillible de tout un clan ; et trois enfants adorables. Les Biden avaient le monde à leurs pieds en remportant une telle victoire face à l'establishment politique.

Nous avons quitté la réception peu après, la perspective de dîner en ville me paraissait nettement plus attrayante que les discours à venir. Je n'ai pas fait connaissance avec Joe Biden ce soir-là, mais cette rencontre avec Neilia m'est restée.

Un peu plus d'un mois plus tard, le 18 décembre 1972, je me rendais à l'université en voiture en écoutant la radio lorsqu'un animateur a interrompu les programmes afin d'annoncer que la femme de Joe Biden, Neilia, et leur petite fille de treize mois, Naomi, étaient mortes dans un accident de la circulation alors qu'elles rapportaient le sapin de Noël familial. Beau et Hunter, les deux petits garçons du couple qui se trouvaient avec leur mère et leur sœur, avaient survécu.

Sans entendre la suite, je me suis garée sur le parking des étudiants et j'ai coupé le moteur. Neilia et leur petite fille étaient mortes. Priver deux enfants de leur mère, priver un père de son bébé relevait de l'injustice la plus profonde. Joe Biden, à qui tout souriait jusque-là, venait de tout perdre en l'espace d'un instant tragique.

Même après mon mariage avec Joe, je ne parvenais pas à mesurer son chagrin, à comprendre comment il avait trouvé la force de continuer après une telle perte. Je ne pouvais que compatir, émerveillée par son courage. Il m'avait pourtant confié certains détails : le sentiment qu'il ne s'en remettrait jamais, les pensées suicidaires qu'il devait repousser en sachant à quel point ses deux petits garçons avaient besoin de lui. C'est bien plus tard, au moment de la mort de Beau, que j'ai vraiment compris ce qu'il avait enduré. Comment aurait-il pu en être autrement ? Un chagrin de cette ampleur relève de l'incompréhensible tant qu'on ne l'a pas vécu. En pareil cas, on prie sans relâche de retrouver sa vie d'avant. On cherche des explications. On se demande si le destin est doué de raison. Ce n'est pas le cas. Rien ne peut justifier la perte d'un enfant, il ne vous reste plus que les jours qui s'écoulent et les proches qui partagent votre chagrin.

Ce jour glacial de décembre, la vie s'est arrêtée l'espace d'un instant et je me souviens d'avoir prié pour la famille Biden. Rien d'autre ne me venait à l'esprit.

*

Mes parents se sont aimés jusqu'à leur dernier souffle. Même avec l'âge, ils sont restés complices. Ils étaient liés par un amour aussi fidèle qu'inconditionnel. Le mariage, à leurs yeux, était synonyme d'éternité.

Au fond de moi, j'étais persuadée qu'il en serait de même dans mon cas, si bien que j'ai été perdue lorsque mon couple a éclaté. J'ai vu, bouleversée, ma relation avec mon mari s'effilocher sans parvenir à la réparer. Nous étions jeunes et la vie s'est chargée très vite de nous éloigner. À cette occasion, j'ai compris combien l'indépendance financière était cruciale, en particulier pour une femme. Ma fille vous dira que je lui ai seriné cette vérité dès son plus jeune âge. Aujourd'hui encore, c'est l'un des points sur lesquels j'insiste le plus auprès de mes étudiantes. Avec le fait qu'on n'est pas toujours bien préparé à ce que l'existence nous réserve. En l'occurrence, je n'étais vraiment pas prête.

J'ai tout tenté pour sauver mon couple. Je pensais y parvenir si je le voulais vraiment, avant de comprendre que les fissures formées entre nous n'étaient pas réparables. Or je refusais de me contenter d'un amour de façade. À la façon d'un réveil brutal, j'ai brusquement compris que j'allais divorcer.

Je ne connaissais aucune personne divorcée à l'époque. L'idée même du divorce m'horrifiait. Elle était synonyme d'échec à mes yeux de très jeune femme, alors que je n'avais rien raté d'important jusqu'alors. J'avais conscience de décevoir mes parents, mon père en particulier. Je me décevais moi-même. Je me sentais laide et inepte, gênée et honteuse.

En l'espace d'une année terrible, je suis passée de l'impression que tout me souriait à un sentiment d'échec mêlé de solitude. J'en arrivais à me demander si je retrouverais un jour l'amour, si j'aurais des enfants. Pourquoi prendre le risque de revivre une telle humiliation, une telle souffrance ? Comment savoir qui j'étais vraiment ?

Dans un premier temps, j'ai ramassé les morceaux de ma vie. Mes parents m'ont proposé de revenir vivre chez eux, mais j'ai refusé car je tenais à mon indépendance. Mon ex-mari devait penser que je me déliterais sans lui et j'entendais bien lui donner tort. J'ai choisi de quitter Newark afin de m'éloigner du campus et des bars que je fréquentais, synonymes à mes yeux de la pire déception de ma vie à peine entamée.

J'ai commencé par louer un petit logement à Chadds Ford, dans l'État voisin de Pennsylvanie, à une trentaine de kilomètres de l'université. Ce modeste logement me suffisait et la nourriture ne me coûtait pas cher puisque je vivais seule. J'ai étouffé mon chagrin en me plongeant dans les livres de façon à obtenir mon diplôme. Je sortais avec des garçons dont je n'attendais rien. J'avais renoncé à l'espoir d'un conte de fées tout en m'astreignant à renouer avec la personne courageuse que j'avais été. Et quand j'écoutais de la musique, c'était à tue-tête :

You can't always get what you want
But if you try sometimes you just might find
You get what you need[1]

1. « On n'obtient pas toujours ce qu'on veut / Mais à condition d'essayer, on s'aperçoit parfois / Qu'on obtient ce dont on a besoin. »

4

UN VRAI GENTLEMAN

— Comment vous êtes-vous procuré mon numéro ?

Ce sont les premiers mots que j'ai adressés au sénateur Joe Biden lorsqu'il m'a téléphoné sans crier gare un samedi après-midi ordinaire. Nous étions en mars 1975, j'avais passé la matinée dehors et je n'attendais pas de coup de fil. D'autres auraient sans doute été très excitées à l'idée de recevoir l'appel d'un sénateur, mais j'étais surtout surprise. J'avais pris la précaution de me mettre sur liste rouge à mon arrivée à Chadds Ford, précisément afin d'éviter les situations de ce genre. Peut-être pas *celle-là* exactement, il s'agissait essentiellement d'éviter les importuns.

— C'est mon frère Frank qui me l'a donné, a répondu Joe. Je suis en ville ce week-end, je me demandais si vous étiez libre ce soir.

Si je ne m'attendais pas à recevoir un coup de fil de Joe Biden, j'imaginais encore moins qu'il puisse m'inviter à dîner. On m'a parfois demandé si j'ai été séduite par le fait qu'un sénateur des États-Unis s'intéresse à moi, j'ai toujours répondu en toute honnêteté que ce n'était pas le cas. Si je me sentais flattée, je dois avouer que j'avais une notion très floue du rôle exact d'un membre du Sénat.

— Non, je suis désolée. Je suis déjà prise.

— Ah, m'a-t-il répondu. En fait, je suis là pour un jour. Vous ne pourriez pas annuler ce rendez-vous, à tout hasard ?

La requête était pour le moins directe, ce qui m'a intriguée.

— Rappelez-moi dans une heure.

Sur ces mots, j'ai raccroché.

J'avais rendez-vous ce soir-là avec un garçon de Philadelphie. Nous avions dîné ensemble deux ou trois fois, mais je n'attendais rien de sérieux de cette relation, en dépit du fait qu'il était bel homme et très gentil. Mais comme je ne voulais pas le blesser, je lui ai servi un mensonge assez innocent.

— Je suis obligée d'annuler pour ce soir. L'une de mes amies vient d'arriver de Washington et on aimerait passer la soirée ensemble.

— Pas de problème ! a-t-il rétorqué. J'ai un frère jumeau, nous n'avons qu'à sortir tous les quatre.

Voilà qui ne faisait pas mes affaires.

— C'est-à-dire... je doute qu'elle soit d'accord. Elle reste tout juste vingt-quatre heures, nous avons beaucoup de choses à nous raconter.

Il a accueilli ma réponse par un long silence avant de me dire : « Très bien » sur un ton glacial. Je ne sais pas s'il avait compris que je cherchais à me débarrasser de lui, toujours est-il qu'il ne m'a plus jamais donné de nouvelles.

En attendant que Joe me rappelle, je n'ai pu m'empêcher de trouver la situation pour le moins étrange. Je ne savais quasiment rien de lui, en dehors de ce que j'avais lu dans la presse depuis quelques années, à savoir son élection miraculeuse ainsi que la mort de sa femme et de sa petite fille. Je savais surtout qu'il était plus âgé que moi et qu'il avait deux garçons, qu'on le voyait toujours en costume-cravate sur les photos, avec des cheveux courts, contrairement aux chevelus en pantalon à pattes d'éléphant que je fréquentais habituellement. D'une façon ou d'une autre, ce dîner promettait d'être intéressant.

Ainsi que je l'ai su par la suite, Joe ne savait quasiment rien de moi, lui non plus.

Il avait cherché à me rencontrer après avoir vu des photos de moi à l'aéroport de Wilmington.

Quelques mois plus tôt, mon ami Tom Stiltz m'avait demandé de lui rendre un service. Il se lançait dans une carrière de photographe professionnel et venait de signer un contrat pour une campagne de pub financée par le Service des parcs et des espaces verts du comté de New Castle. Ne souhaitant pas photographier des paysages inanimés, il m'avait demandé de poser pour lui. Ce n'était pas exactement du mannequinat puisque je n'étais pas rémunérée, mais j'avais fini par me retrouver à l'aéroport de Wilmington sur les affiches concernées.

Le vendredi soir, alors que son frère Frank devait passer le prendre à sa descente d'avion, Joe avait vu ces affiches. À l'époque, il utilisait régulièrement l'avion pour aller à Washington et rentrer chez lui, avant de devenir un habitué du train ainsi que le veut la légende. Lorsque son frère l'avait rejoint, Joe lui avait désigné l'une des photos.

— Tu as vu, Frankie ? C'est avec une fille comme ça que je devrais sortir.

Il ne s'attendait sûrement pas à la réponse de Frank :

— Rien ne t'en empêche. Figure-toi que je la connais.

Le temps d'appeler un ami commun et de récupérer mon numéro, Joe me téléphonait le lendemain.

*

Une heure plus tard, Joe m'a rappelée.

— C'est bon, j'ai réussi à me libérer.

— Formidable, m'a-t-il répondu. Je passe vous prendre à 19 heures. Quelle est votre adresse ?

Rien d'autre. Ni blabla, ni formules inutiles. En raccrochant, je me suis demandé quelle tenue porter pour un rendez-vous avec un sénateur. Il devait être habitué aux femmes chic et choc, en jupe élégante et rang de perles, mais ce n'était pas mon style. J'ai opté pour un pantalon vert émeraude, une chemise à fleurs diaphane ornée de dentelles, et des chaussures à talons compensés.

À l'heure pile, Joe sonnait à ma porte.

Il avait trente et un ans à l'époque et portait un costume parfaitement coupé, ainsi que des mocassins. Il paraissait si guindé que je me suis demandé un instant dans quelle galère je m'embarquais avant de me rassurer en me disant que c'était après tout un rendez-vous comme un autre.

— Que diriez-vous d'aller au cinéma à Philadelphie ? m'a-t-il proposé.

Comme Joe était l'un des plus beaux partis du pays, la presse s'était beaucoup intéressée à sa vie sentimentale et il risquait moins d'attirer l'attention en ne passant pas la soirée dans le Delaware.

Il m'a emmenée jusqu'à sa voiture, a ouvert ma portière avec galanterie, et nous avons pris la route de Philadelphie, ce qui nous a permis de briser la glace en chemin.

Le long métrage que nous avons vu ce soir-là, si ma mémoire ne me fait pas défaut, était un film français, *Un homme et une femme*. Curieusement, il s'agit d'un couple dont la relation balbutiante se trouve compliquée par le souvenir de leurs deux conjoints disparus.

La soirée s'est poursuivie dans un restaurant où nous avons choisi un box. Je ne sais plus de quoi nous avons parlé, mais j'ai trouvé Joe décontracté et drôle, en dépit des apparences. J'étais la première étonnée de la facilité avec laquelle la connexion se faisait. Je ne m'attendais certainement pas à une soirée aussi agréable.

Nous avons pris le chemin du retour et il est descendu de voiture pour me raccompagner jusqu'à ma porte.

— J'ai passé un excellent moment, Jill, m'a-t-il dit. J'aimerais vous revoir.

Quand je lui ai précisé que c'était également mon intention, il m'a demandé :

— Vous n'êtes pas libre demain soir, par hasard ?

— Si.

Un sourire aux lèvres, il m'a serré la main et m'a souhaité une bonne nuit avant de regagner sa voiture.

Je suis rentrée chez moi. Il était 1 heure du matin, mais il fallait que je parle à ma mère. J'ai composé son numéro, et quand elle a décroché, je lui ai dit :

— Maman, j'ai enfin fait la connaissance d'un vrai gentleman.

*

Notre deuxième rendez-vous a eu lieu comme prévu le lendemain soir. J'ai oublié où nous sommes allés et ce que nous avons fait, mais nous avons passé un moment aussi agréable que la veille. Ce soir-là, en me raccompagnant, Joe m'a embrassée en me souhaitant bonne nuit.

— Je dois retourner cette semaine à Washington pour mon travail, m'a-t-il expliqué, mais j'aimerais vous revoir.

Il a tiré de sa poche un petit agenda noir qu'il a feuilleté, le front barré d'un pli.

— Non, pas ce soir-là… je suis déjà pris ce jour-là… Bon sang, c'est une semaine infernale.

Il a relevé la tête et m'a déclaré, le plus innocemment du monde :

— Que diriez-vous de demain soir ?

5

PUISQUE VOUS ME POSEZ LA QUESTION...

À ce stade de ma vie et de notre relation, la fonction de Joe n'était pas la seule caractéristique qui le rendait différent à mes yeux. La carrière de sénateur est prenante, de sorte que se voir n'était pas toujours aisé ; en outre, je n'avais jamais envisagé un instant que la presse puisse s'intéresser à ma vie privée. En dehors de ces évidences, son boulot n'est pas si différent des autres.

Le plus intimidant pour moi était sa famille. Pas uniquement du fait de ses enfants, même si c'était nouveau pour moi. Joe et les siens étaient incroyablement soudés. Au même titre que dans ma famille, les Biden respectaient la loyauté plus que tout, ou presque. Joe, Valerie, Jimmy, Frank et leurs parents n'étaient pas seulement proches, ils devaient leur identité même à leur appartenance au clan Biden. Ils en tiraient beaucoup de fierté et s'aimaient profondément. Dans la famille de Joe, l'expression « parole de Biden » est sacro-sainte. L'invoquer oblige à dire la vérité à cent pour cent. Aujourd'hui encore, il m'arrive de poser la question à mes enfants et petits-enfants :

— Tu me donnes ta parole de Biden ?

S'ils le font, je les crois sans hésiter.

Le fait que Joe avait choisi Val et son frère Jimmy pour jouer deux des rôles les plus importants dans sa campagne, contrairement à l'avis du Parti démocrate, était la meilleure preuve de ce lien très fort. En outre, le succès inespéré de cette même campagne familiale montrait clairement qu'ils étaient prêts à tout pour se soutenir et se protéger entre eux. Ils l'avaient montré de façon flagrante après la mort de Neilia.

L'autre croyance des Biden est la suivante : « Si tu as besoin de demander, il est déjà trop tard. » Lorsque l'un d'eux se trouve dans le besoin, ou bien s'il est dépassé, les autres n'attendent pas qu'il implore leur aide pour intervenir. Lorsque Neilia est morte, Joe a dû gérer seul son chagrin et son rôle de père auprès de ses deux petits tout en jonglant avec le rythme effréné d'une vie de sénateur, Val n'a pas cherché à savoir s'il avait besoin d'elle : elle s'est installée chez lui. Pendant trois ans, sans se soucier de ses propres ambitions professionnelles, de sa rencontre et de son mariage avec Jack, elle a vécu avec Joe et les garçons en veillant à ce qu'ils reçoivent tous les trois l'amour et le soutien dont ils avaient besoin.

Inutile de le préciser, trouver sa place au sein d'un cercle aussi restreint et soudé relevait du défi.

*

— Ma sœur aimerait te rencontrer, m'a déclaré Joe un jour, deux ou trois semaines après notre rencontre.

Val n'était pas seulement la sœur de Joe, elle appartenait au cercle de ses meilleurs amis, de sorte que je me sentais plus nerveuse encore qu'avec les autres. À ce stade, je connaissais déjà son frère Frank, bien sûr, ainsi que Jimmy. On pourrait penser que tout le monde se connaît dans le Delaware ; j'avais aperçu Val et les garçons dans sa Jeep à plusieurs occasions, mais je ne l'avais jamais rencontrée.

J'étais très intimidée, consciente que Val, en plus d'être belle, était l'une des premières femmes ayant mené avec succès une campagne sénatoriale. Je savais que de son approbation dépendrait le rôle que je pourrais être amenée à jouer dans la vie de Joe. De façon compréhensible, elle se montrait très protectrice avec lui ; de mon côté, je me sentais mal à l'aise dans le rôle de la nouvelle petite amie de son frère, plus jeune que lui de surcroît, de sorte que je repoussais constamment cette rencontre.

À la demande de Joe, j'ai accepté de me rendre dans sa maison de North Star Road afin de rencontrer Val et les garçons, âgés respectivement de cinq et six ans. Le jour venu, ma réaction était toujours la même.

— Tu sais quoi ? Je n'ai pas envie ce soir.

Joe n'insistait pas, conscient de la pression que cela représentait pour moi, mais après quatre ou cinq annulations, j'ai compris que je ne pouvais pas éternellement différer.

Un après-midi du mois d'avril, je me suis donc rendue en voiture North Star Road. Val et Jack, qui n'était encore que son petit ami à l'époque, étaient occupés à peindre en jaune la cuisine car Joe avait décidé de vendre la maison. Joe a fait les présentations et Valerie a préparé pour tout le monde des sandwiches au thon.

Sans doute parce qu'elle me sentait nerveuse, elle a fait le clown en me tendant mon sandwich.

— Un peu de thon ! s'est-elle écriée avant de miauler furieusement tout en me gratifiant d'un coup de patte à l'épaule. *Miaou, miaou, miaou !*

Je ne m'attendais pas à tant de drôlerie, pas plus qu'à son sourire désarmant. Nous avons éclaté de rire, ce qui relevait de l'exploit dans mon cas tant j'étais mal à l'aise, et je me suis demandé si j'avais passé le test avec succès.

En plus d'être ma belle-sœur, Valerie est l'une de mes amies les plus proches. Elle raconte souvent notre première rencontre, et ses « miaou » nous font toujours autant rire.

La maison de Joe était une vieille bâtisse de style colonial disposant d'une vaste véranda sur le côté. C'est là que nous avons mangé nos sandwiches pendant que Beau et Hunter se bagarraient dans l'herbe. J'ai peu parlé aux garçons que j'ai trouvés adorables, et d'une grande gentillesse avec Joe. J'aurais dû me sentir à mon aise autour de ce déjeuner improvisé, entre la conversation qui roulait tout naturellement et les enfants qui jouaient un peu plus loin, mais j'avais du mal à baisser la garde, malgré les efforts de Joe et Val. Au bout d'une heure, Joe a bien senti que c'était suffisant. À peine les sandwiches avalés, nous avons trouvé une excuse pour nous éclipser.

*

Les drames, les bouleversements et l'incertitude nous affectent tous de façon différente. Dans le cas de Joe, la perte de sa femme et de son bébé, en l'obligeant à reconstruire sa vie sur les ruines de ce jour tragique, lui a fait voir le monde sous un jour nouveau. Le chagrin n'a fait qu'exacerber sa fibre familiale. Aux heures les plus sombres, il s'était accroché aux siens et c'était ce qui lui avait permis de survivre. À ce stade, il avait besoin d'une femme et d'une mère pour ses garçons.

De mon côté, loin de savoir ce que je voulais, je me sentais perdue. Après avoir voulu fonder une famille et m'être trompée en voyant l'illusion de mon couple voler en éclats au moment du divorce, j'étais devenue amère. J'en arrivais à me demander si la famille dont j'avais toujours rêvé relevait du possible. Si elle était même souhaitable.

À bien des égards, je n'étais pas prête. Pour lui et, plus généralement, pour *eux*.

Les garçons se montraient incroyablement affectueux avec leur père, ils l'ont été très vite avec moi. Ils grimpaient sur mes genoux et venaient se pelotonner contre moi comme des petits chiens. Ils étaient inséparables, se touchaient en permanence et touchaient leur père, comme s'ils avaient peur de se perdre à tout instant. Le rituel du coucher était invariable : au moment de dormir, Joe leur grattait doucement le dos et les bras. « Avec les ongles ! » criaient-ils. Il usait du même stratagème à la messe afin qu'ils restent sages. Les garçons avaient compris, de façon exacerbée pour des petits, combien chaque instant de vie était précieux, de sorte qu'ils ne manquaient jamais une occasion de tenir la main d'un adulte, de se serrer l'un contre l'autre, de distribuer des baisers.

Joe, lorsqu'il aime, aime de toute son âme. Il me tenait constamment la main, me prenait dans ses bras, écartait les mèches qui tombaient sur mon visage. J'ai compris très vite que les manifestations physiques d'affection jouaient un rôle primordial dans cette famille. Val ne pouvait pas passer à côté des garçons sans leur poser la main sur l'épaule ou leur ébouriffer les cheveux. Les parents Biden n'étaient pas de reste, ils passaient régulièrement et étouffaient les enfants de baisers. Tous étaient extrêmement tactiles.

Me retrouver brusquement propulsée au milieu de ce clan était à la fois étrange et gênant. Je n'étais pas habituée à ces marques d'affection en public. À l'instar de ma mère, je ne souhaitais pas (ou peut-être en étais-je incapable) manifester aussi ouvertement mes émotions. La froideur n'était pas de rigueur chez moi, mes parents étaient même très aimants, mais en dehors des moments de longue séparation, les embrassades et les étreintes n'avaient pas cours dans ma famille, à l'exception notable de grand-mère Jacobs. Je suis relativement introvertie et les marques d'affection m'épuisent. Joe est capable de s'adresser à plusieurs milliers de personnes lors d'un meeting et d'en sortir regonflé à bloc. Il a un contact facile avec les gens, il n'hésite pas un instant lorsqu'un inconnu insiste pour le prendre dans ses bras ou lui glisser des paroles personnelles. Quant à moi, j'ai toujours eu le plus grand mal à manifester la même énergie. J'ai besoin de calme et d'espace pour me ressourcer après une réception ou un rassemblement public.

Quoi qu'il en soit, j'ai compris peu à peu que si ma relation avec Joe venait bouleverser ma vie, elle bouleversait tout autant celle des Biden.

*

Il devait être 9 heures du matin lorsque j'ai entendu s'ouvrir la porte d'entrée de la maison de Joe. Il était parti pour Washington par le train de 7 h 30, Beau et Hunt étaient à l'école, je me suis demandé qui pouvait bien passer à une heure pareille. *Non, pas ça.*

Occupée à laver la vaisselle dans un évier débordant d'assiettes sales, j'ai senti ma gorge se serrer. Je ne voyais qu'une seule personne capable de venir à cette heure matinale, et je n'avais pas la moindre envie qu'elle me découvre dans la cuisine de son fils quand tout le monde était parti. En entendant les pas se rapprocher, j'ai cherché le meilleur moyen de m'enfuir, et même envisagé de me cacher dans le placard à balais, mais il était trop tard. Ainsi que je le craignais, la mère de Joe est entrée dans la cuisine et s'est arrêtée net en me voyant.

L'espace d'un instant, j'ai hésité à lui dire que j'étais venue ce matin-là avec l'intention d'aider Joe en faisant la vaisselle, mais l'explication ne tenait pas debout. Surtout, j'ai compris qu'on ne mentait pas à Mom-Mom.

Jean Finnegan Biden, que tout le monde appelait Mom-Mom, était un petit bout de femme à cheveux blancs d'une énergie indomptable. L'archétype de la matriarche catholique irlandaise, avec ses opinions tranchées et son dévouement inébranlable à ses enfants et petits-enfants. On m'avait souvent parlé de son instinct maternel implacable, notamment de ce jour où elle avait humilié l'une des bonnes sœurs que Joe avait comme enseignante après qu'elle avait raillé son bégaiement devant toute la classe. Elle n'avait jamais cessé d'adorer son « Joey » qu'elle protégeait contre vents et marées, de même que ses garçons, en particulier depuis le drame qui les avait frappés. Et voilà qu'elle tombait sur moi dans la cuisine de son fils à une heure indue.

— Ah, Jill ! Ça tombe bien, je voulais vous parler, a-t-elle déclaré en me regardant droit dans les yeux.

Je me suis figée, m'attendant à un sermon, ou peut-être à une mise en garde. D'une façon ou d'une autre, je ne m'attendais à rien de bon.

— Je ne sais pas où vous en êtes avec Joe, mais je tenais à vous remercier.

Je n'en revenais pas.

— Mais de quoi ? lui ai-je demandé.

— D'avoir montré à mon fils qu'il était encore capable d'aimer.

Je m'y attendais si peu que je suis restée pétrifiée, incapable de la moindre réaction.

Mom-Mom avait toutes les raisons de se méfier de cette femme de vingt-quatre ans qui faisait irruption dans sa vie familiale alors que la situation tendait à reprendre un cours normal. En tant que mère de grands enfants aujourd'hui, je me montrerais tout aussi circonspecte en pareille situation. On a invariablement tendance à vouloir intervenir dans l'existence de ses enfants de façon à prendre à leur place les bonnes décisions. Le drame des parents dignes de ce nom, c'est que mieux on s'est acquitté de sa tâche au départ, moins on sera en mesure de mettre son grain de sel par la suite. Il n'y a pas d'autre choix que de leur accorder sa confiance en espérant qu'ils agiront au mieux et que le destin leur sera favorable. Mom-Mom avait pu constater que son fils était à nouveau heureux, et c'était tout ce qui lui importait.

Elle n'était pas disposée pour autant à renoncer à son pouvoir matriarcal. À la suite de notre mariage, elle n'a jamais manqué une occasion de m'expliquer comment m'occuper des garçons.

— J'ai cru comprendre que Hunter était patraque. As-tu appelé le docteur Borin ?

— Non, pas encore.

— Alors fais-le tout de suite. Je te rappelle dans dix minutes pour savoir ce qu'il dit.

Ce jour-là dans la cuisine, j'ai pris la pleine mesure de son amour pour Joe. C'est ce qui l'a poussée à m'ouvrir son cœur. Mom-Mom était une femme solide, celle qui incarnerait bientôt à mes yeux la mère et grand-mère idéale. J'ai appris d'elle infiniment plus que je n'aurais pu l'imaginer ce matin-là, gênée et à demi déshabillée dans la cuisine de son fils.

À la fin de sa vie, Mom-Mom vivait dans une petite maison à l'entrée de notre propriété, un lieu que Joe et moi avions préparé à son intention. Tous les soirs avant d'aller se coucher, Joe allait s'assurer qu'elle allait bien. Ils partageaient un bol de glace ensemble de façon rituelle, elle veillait toujours à avoir en réserve son parfum préféré : vanille et pépites de chocolat. Je manquais rarement une occasion de me moquer gentiment de Joe lorsqu'il rentrait à la maison avec l'haleine parfumée à la glace, comme un gamin pris en faute, mais j'étais surtout heureuse pour eux.

À présent que mes enfants sont grands, je passe de moins en moins de temps seule avec eux. C'est la loi naturelle de la famille. Une mère cède sa place aux conjoints et aux enfants, ce qui est normal. J'ai beau le comprendre, à l'image de beaucoup de mères, je le regrette un peu. Pour cette raison, après des années dédiées à l'éducation des siens tout en travaillant et en jonglant avec les impératifs du quotidien, j'étais heureuse que Mom-Mom puisse profiter pleinement de ses moments en tête à tête avec son Joey. C'était une bénédiction, et je suis reconnaissante à la vie de les avoir laissés si proches, et si longtemps.

*

Si j'étais nerveuse à l'idée de rencontrer la famille de Joe, je l'étais presque autant de le présenter à la mienne. C'était la première fois que je me lançais dans une relation sérieuse depuis mon divorce, il était important pour moi que les miens apprécient Joe et ses garçons.

Nous sortions ensemble depuis quatre mois lorsque mes parents ont célébré leur vingt-cinquième anniversaire de mariage. Grand-mère et grand-père avaient prévu d'organiser une fête dans leur jardin, avec buffet et gâteau sur la table de pique-nique. J'ai pensé que c'était l'occasion de franchir le pas en me rendant à Hammonton avec Joe et les garçons. Cela leur permettrait de rencontrer en une seule fois toute la famille.

Comme je voulais préparer le terrain, j'ai demandé à Joe de me déposer en avance chez grand-mère et grand-père et de revenir une heure plus tard. Il en a profité pour emmener Beau et Hunt manger une pizza à quelques rues de là.

Toute la famille était déjà réunie à mon arrivée et le visage de grand-mère s'est illuminé lorsque j'ai annoncé que Joe et les garçons nous rejoindraient bientôt. Démocrate convaincue depuis toujours, elle était particulièrement excitée à l'idée que je sorte avec lui. Les autres étaient impatients de le rencontrer, mais grand-mère était littéralement radieuse.

Joe s'est garé dans l'allée de gravier et à peine grand-mère avait-elle aperçu sa voiture qu'elle quittait sa cuisine en trombe. L'instant suivant, dans sa robe de chambre avec son tablier, ma petite grand-mère accueillait Joe en lui ouvrant les bras comme si elle le connaissait depuis toujours.

— Mon chéri ! Si tu savais comme je suis heureuse de te voir !

Joe s'est baissé pour la serrer contre lui et elle en a profité pour lui expliquer fièrement :

— Moi aussi je suis démocrate, tu sais ! J'ai travaillé sur les chantiers du président Roosevelt pendant le New Deal.

Joe a éclaté de rire et ma grand-mère l'a emmené dans le jardin avec les garçons.

Mes grands-parents faisaient pousser des plants de tomates le long d'un mur, c'était leur façon à eux de recréer un peu de l'Italie dans le New Jersey. Au moment où Joe passait près des tomates, deux petites filles ont jailli devant lui : mes sœurs jumelles de huit ans.

Grand-père s'est rué sur elles avec une branche en rugissant comme un monstre. Le temps de se débarrasser des feuilles de tomates qu'il avait à la main, il a serré Joe à l'étouffer à son tour. On aurait pu croire qu'il accueillait un membre de la famille de retour après une longue absence, et non un parfait étranger.

Joe s'est adapté instantanément à l'atmosphère familiale en faisant rire tout le monde, mes proches l'ont tout de suite apprécié. J'imagine que les Jacobs dans leur ensemble, à l'image de grand-mère, étaient quelque peu impressionnés de recevoir un sénateur à l'occasion d'une fête de famille, mais ils étaient surtout heureux de me voir épanouie dans cette nouvelle relation.

Joe me l'a avoué bien des années plus tard, il a compris ce jour-là qu'il arriverait à me conquérir. Ma famille l'adorait à l'évidence, il pouvait compter sur leur appui le jour où il me demanderait en mariage. J'avais beau ne pas être très sûre de ce que je voulais à cette époque de ma vie, il avait constaté combien la famille comptait à mes yeux, ce qui lui laissait penser que je serais prête à tenter à nouveau ma chance le jour venu. Chaque jour qui s'écoulait le confortait dans l'idée que j'étais la pièce manquante du puzzle Biden. Il se passerait pourtant de longs mois, et il essuierait de nombreux refus, avant que je finisse par rendre les armes.

6

CINQ PROPOSITIONS DE MARIAGE

La première fois que Joe m'a demandé ma main, il s'est contenté de dire :

— Je veux qu'on se marie.

Aucun tralala, une conversation banale un jour ordinaire. Je connaissais déjà ses intentions, si bien que je n'ai pas été surprise. Je savais aussi que je ne pouvais pas accepter. Ce que je ne savais pas, en revanche, c'est que Joe n'agissait pas seul. Beau et Hunter l'avaient coincé peu auparavant dans la salle de bains, alors qu'il se rasait un matin.

— Beau pense qu'on devrait se marier, lui avait déclaré Hunter du haut de ses six ans.

Voyant son père perplexe face à une telle requête, Beau, qui avait sept ans à l'époque, lui avait fourni une explication :

— On pense qu'on devrait se marier avec Jill.

J'ai beaucoup ri par la suite quand on m'a raconté cette histoire. Les enfants devinent souvent plus vite que nous les réponses aux questions que nous nous posons.

Au cours des mois précédents, les garçons et moi avions passé beaucoup de temps ensemble. Chaque fois que Joe rentrait tard de Washington, je les faisais dîner et je les gardais. Il m'arrivait d'aller les chercher à la sortie de l'école, de regarder la télé avec eux en fin de journée. Nous avions entamé une relation indépendante de celle que j'avais avec leur père.

Dès son plus jeune âge, Beau a marché dans les traces de Joe. Il avait le don d'exprimer ses sentiments avec une justesse incroyable, et sans fard. C'était un enfant bienveillant et responsable.

Hunt me ressemblait davantage. Il se montrait plus avare de ses sentiments, en partie faute de réussir à les verbaliser, préférant les montrer. C'était un enfant aussi chaleureux qu'affectueux. Chaque fois que nous attendions quelque part, ou bien lorsque nous regardions la télévision, il se pendait à mon cou et posait sa tête sur mon épaule.

J'étais la première surprise de prendre autant de plaisir en leur compagnie, alors que l'idée de sortir avec quelqu'un qui avait des enfants ne m'avait jamais attirée. J'étais impatiente de les retrouver et ces premiers mois m'ont montré combien j'étais heureuse de passer du temps avec eux. Cela ne signifiait pas pour autant que j'étais prête à me marier.

*

J'ai vu pleurer ma mère une seule fois, à l'enterrement de mon père. Elle n'avait pas versé une larme à la mort de ses propres parents. J'assimilais ce stoïcisme à sa force de caractère, un trait auquel j'aspirais moi-même plus que tout : j'avais pris la décision très jeune de ne jamais me laisser guider par mes émotions.

Je me suis donné le plus grand mal pour rester fidèle à cette ligne de conduite avec les garçons, même en période de tempête. Ils ne m'ont jamais vue pleurer lorsque Joe était à l'article de la mort à l'hôpital Walter Reed à la suite des deux anévrismes qu'il a eus en 1988, ou encore lorsqu'il a été évacué d'urgence de chez nous en ambulance après avoir fait une embolie pulmonaire la même année. Je n'ai pas versé une larme en leur présence lorsque nous nous sommes retirés de la course à la présidence en 2008 à cause des médiocres résultats obtenus dans l'Iowa, alors que j'étais défaite.

En tant qu'épouse d'un homme politique, j'ai pu constater combien ce stoïcisme était précieux. En 1988, au moment où la première campagne présidentielle de Joe commençait à prendre l'eau, les gens cherchaient constamment des failles au sein de l'équipe que nous formions. Chacun de nos gestes était passé à la loupe, mais je refusais de laisser transparaître la moindre faiblesse. Par la suite, lorsque Beau est tombé malade, nous n'avons pas voulu que cette épreuve devienne un sujet de conversation dans le pays. C'était bien trop personnel. Accrochés à l'espoir de sa guérison, nous n'avons partagé le secret qu'avec un nombre très limité de personnes, si bien que nul n'était au courant. Je poursuivais ma carrière d'enseignante, je continuais d'avoir une vie sociale. Je menais une double vie dans la mesure où je souriais en public tout en me faisant intérieurement un sang d'encre pour mon fils. Affirmer qu'il s'agissait d'une épreuve est un euphémisme. Je ne pouvais toutefois me permettre de laisser de côté mon rôle de Deuxième Dame et de professeure. Il me fallait cloisonner ma souffrance, et mon stoïcisme m'a aidée à tenir.

Nos caractères, à Joe et moi, sont complémentaires sur bien des points. Il a tendance à me sortir de ma coquille et je contribue à ce qu'il garde les pieds sur terre. Il est affectueux pour nous deux. Ses conseillers sont les premiers à rire de ce côté fusionnel. Si quelqu'un veut savoir où se trouve le vice-président, ils répondent : « Avec la Deuxième Dame. »

Après mon divorce, je ne voulais plus jamais devenir l'esclave de mon cœur. Pourtant, à mesure que ma relation avec Joe se comptait en mois, j'ai dû réviser mes positions face à une nouvelle réalité : j'étais en train de tomber amoureuse.

Le mariage était une autre histoire. Contrairement à ce que j'avais toujours cru lorsque j'étais jeune, former un couple est une aventure ardue. Je savais combien pouvait être fragile une relation amoureuse. Je savais qu'en dépit de mes efforts, je ne pourrais jamais tout contrôler. En offrant mon cœur à Joe, je lui donnais le pouvoir de le briser. Que se passerait-il s'il changeait d'avis ? Si cela tournait mal entre nous ? Si je prenais le risque d'être à nouveau humiliée ? Si un échec m'attendait ?

Il m'est arrivé de prier le ciel de ne jamais me marier.

— Seigneur, je t'en supplie, empêche-moi de commettre une seconde fois la même erreur.

*

— Jill, je t'aime, m'a déclaré Joe quelques mois après sa première demande en mariage. Je veux t'épouser. Je veux que les enfants aient une mère, je veux une vraie famille.

Malheureusement, j'étais toujours aussi peu encline que la première fois à accepter sa proposition.

J'apprenais lentement à accorder ma confiance, Joe et les garçons me rassuraient par la force de leur amour. Mais à mesure que s'estompaient mes craintes de souffrir une nouvelle fois, d'autres peurs m'assaillaient. Devenir la femme de Joe m'obligerait à mener une existence sous les projecteurs que je n'avais jamais voulue. J'étais étudiante lors de notre première rencontre et mener une existence anonyme me convenait parfaitement. À l'inverse, Joe était un personnage public.

Il ne s'agissait pas uniquement à mes yeux des pressions liées à une telle existence. J'avais toujours souhaité me lancer dans ma propre carrière, et un an après avoir rencontré Joe, j'avais enfin obtenu un poste qui me comblait puisque j'enseignais l'anglais à des élèves de seconde et de première à Saint Mark, un établissement catholique de Wilmington. J'avais des élèves intelligents et respectueux, et je n'aimais rien tant que les discussions animées que nous avions en classe autour de Shakespeare, Dickens ou Thoreau. Du fait de mon allure juvénile (il est vrai que j'étais à peine plus âgée que certains de mes élèves), je ramassais mes cheveux longs en chignon en privilégiant une allure sérieuse. Cela ne m'empêchait pas de rire intérieurement lorsque j'entendais certains gamins chuchoter sur mon passage :

— Vous avez entendu la dernière ? Mlle Jacobs sort avec le *sénateur Biden* !

Il avait suffi qu'un élève m'aperçoive à une station-service en compagnie de Joe pour que la nouvelle se répande comme une traînée de poudre dans le lycée.

Tout en étant prof avec l'intention d'obtenir à terme un doctorat, je recevais des appels des assistants de Joe qui jonglaient avec son agenda pour glisser nos prochaines rencontres dans son emploi du temps de sénateur. Je me sentais aspirée de tous les côtés. Je savais que si j'épousais Joe, il me faudrait renoncer à mon appartement, c'est-à-dire au seul espace qui n'appartenait qu'à moi. Il me faudrait également renoncer à l'enseignement pour m'occuper des garçons et veiller à ce qu'ils s'acclimatent à ma présence au quotidien, et pas uniquement le week-end. Surtout, j'allais devenir Jill Biden, l'épouse d'un sénateur. C'était trop pour moi.

Chaque fois que j'assistais à des réceptions ou à des dîners au bras de Joe, je rentrais dans mon modeste logement et me jetais sur mon lit. Épuisée, je regardais fixement le plafond en me demandant : *À quoi joues-tu, Jill ?*

*

Joe s'entêtait : il demanda ma main une troisième fois, puis une quatrième à quelques mois d'intervalle. Ma réponse restait la même : « Pas encore », bien que mes raisons aient évolué à présent que nous étions ensemble depuis deux ans.

À ce stade, ce n'était plus la perspective du mariage qui m'effrayait. J'aurais pu épouser Joe sans crainte, c'était un homme bien et un conjoint attentionné dont j'étais sincèrement amoureuse. Il aurait fait un mari formidable, et quand bien même un obstacle serait survenu dans le temps, j'aurais pu m'en remettre. À mesure que s'éloignaient dans le temps les souffrances liées à mon échec précédent, j'avais conscience d'avoir survécu, preuve de ma capacité de résistance.

Mon travail et mon indépendance n'étaient plus en jeu, j'étais heureuse de passer le plus clair de mon temps avec lui et les garçons. En outre, j'avais pu constater que Joe me soutenait dans ma volonté d'enseigner. Il m'encourageait volontiers alors que je préparais mon master et nous avions longuement discuté ensemble de ma vocation. Pour preuve de son intérêt, il avait même assisté à une représentation du *Roi Lear*, mis en scène par mes élèves. Ceux-ci avaient choisi de transposer l'œuvre de Shakespeare dans l'univers du théâtre kabuki et le résultat était insoutenable, ce qui ne l'avait pas empêché de rester jusqu'à la fin. Nous en avions ri tout le long du chemin en rentrant en voiture.

À ce stade, mes réticences ne tenaient plus à Joe, mais à Hunter et Beau. Les garçons avaient déjà perdu leur mère, je ne voulais pas courir le risque qu'ils en perdent une autre.

Joe les conduisait souvent à l'école. Une façon importante pour eux de passer du temps avec leur père tous les matins. Dans le cadre de ce rituel quotidien, ils chantaient tous les trois les succès du moment qui passaient à la radio. L'une de leurs chansons préférées était *You and Me Against the World* d'Helen Reddy. Une composition magnifique, toute simple, qui évoque une mère promettant à son enfant de toujours être là pour lui : *Quand tous les autres t'auront tourné le dos / Je serai encore là.*

Ils avaient ce lien en commun. Celui de souvenirs partagés, d'un chagrin insondable, d'une confiance mutuelle absolue. Comme dans la chanson, ils avaient affronté ensemble le monde entier, et voilà qu'ils m'invitaient à entrer dans ce cercle sacré. Par leur confiance, ils me demandaient de leur offrir l'amour et le dévouement que le destin leur avait volés. Mais s'ils ne craignaient aucunement que je ne sois pas à la hauteur, ce n'était pas mon cas. Après tout ce qu'ils avaient enduré, j'étais incapable de prendre le risque de les voir souffrir à nouveau. Je devais me montrer sûre à cent pour cent que si j'épousais Joe, notre mariage serait indestructible. Pour le bien de Beau et Hunter.

À cette époque de notre relation, nous n'étions plus deux personnes qui se voyaient régulièrement, mais bien un couple avec des enfants. Nous formions un quatuor soudé qui vivait dans un même élan tous les événements du quotidien. Au moment de Thanksgiving, nous avions décidé de passer la semaine ensemble, mais il nous restait à déterminer où. Mes parents auraient voulu que nous venions les voir, tout comme les parents de Joe, et même ceux de Neilia. C'était touchant et nous leur en étions reconnaissants, mais pourquoi choisir les uns et pas les autres, si bien que j'ai fini par proposer à Joe :

— Nous n'avons qu'à partir quelque part tous les quatre.

Wes Barthelmes, le principal collaborateur de Joe au Sénat, lui a soufflé le nom de Nantucket et l'idée nous a séduits, bien que nous n'y soyons jamais allés, ni l'un ni l'autre. J'ai rempli une glacière de sandwiches et de sodas, les enfants sont montés dans le break, nous avons roulé pendant six heures jusqu'à Cape Cod, puis nous sommes montés à bord du ferry bondé qui a tracé sa route jusqu'au phare de Brant Point avant de rejoindre le port. Joe et moi avons rempli nos poumons d'air marin tout en découvrant les maisons aux toits de bardeaux qui se dressaient le long de la côte. Nous avions l'impression de voguer à l'intérieur d'un tableau d'Edward Hopper avec ces bleus et ces verts tendres, le soleil se reflétant sur les phares blancs. Cette première année, nous avons loué l'une de ces maisonnettes au bord de l'eau pour la somme de cent dollars la semaine.

Passer Thanksgiving à Nantucket est resté une tradition durant les quatre décennies qui ont suivi. Nous avons fait ce pèlerinage tous les ans, à de rares exceptions près, créant un rituel qui a contribué à souder notre famille. Nous emportons systématiquement des sandwiches que nous dévorons en route, et nous posons sur la banquette arrière des catalogues de jouets en demandant aux enfants (Beau et Hunter dans un premier temps, puis Ashley, et désormais nos petits-enfants) d'entourer ce qu'ils veulent pour Noël. Nous avons toujours pris le bateau, pour le plus grand plaisir des garçons lorsqu'ils étaient petits, jusqu'à ce que Joe devienne vice-président et que le voyage se fasse à bord d'Air Force Two. Une fois sur place, nous passons des heures à écumer les boutiques de Nantucket. Le vendredi, lendemain de Thanksgiving, nous déjeunons invariablement au restaurant Brotherhood of Thieves. Nous arpentons les pavés de Main Street ce soir-là pour voir le Père Noël, assister à l'illumination du sapin géant et chanter des cantiques de Noël. Depuis de nombreuses années maintenant, nous posons tous ensemble pour une photo de famille devant une charmante maison en bord de mer baptisée *TOUJOURS SAUVAGE.*

Nantucket, les dîners de famille, les photos de Noël, mille et une petites et grandes traditions… tout indiquait que nous devenions chaque jour un peu plus une famille, que je sois ou non mariée à Joe. On m'a souvent demandé quelles décisions avaient contribué à la formation de cette famille, et j'ai le plus grand mal à répondre. Elles ont rarement été prises consciemment, notre vie commune a trouvé son rythme tout naturellement. Sans qu'il soit besoin d'en parler, nous nous sentions animés par une puissante force motrice, celle de retrouver la plénitude, Joe avec ses garçons, et moi avec eux. Je les aimais tous les trois. Ils avaient foi en moi, et je ne pouvais pas risquer de les décevoir.

*

Un après-midi du printemps 1977, Joe est passé me voir en se rendant à l'aéroport. Il faisait partie d'une délégation sénatoriale invitée à se rendre en Afrique du Sud, de sorte que nous ne pourrions pas nous voir pendant dix jours. C'était la première fois que nous serions séparés aussi longtemps depuis notre rencontre. Je l'ai serré dans mes bras en lui recommandant de prendre soin de lui, mais je l'ai senti tendu. Il s'apprêtait à franchir le seuil de mon appartement lorsqu'il s'est retourné.

— Écoute, m'a-t-il dit. J'ai fait preuve jusqu'ici de beaucoup de patience, mais j'ai le sang chaud, comme tout bon Irlandais. Soit tu acceptes de m'épouser, soit je me retire du jeu. C'est la dernière fois que je te pose la question.

Ses yeux, habituellement d'un bleu lumineux, étaient gris tempête.

— Je t'aime trop pour que nous puissions uniquement rester bons amis.

J'étais consciente que ce moment surviendrait tôt ou tard. Cela faisait presque deux ans qu'il m'avait demandée en mariage pour la première fois. Je me doutais forcément qu'il n'attendrait pas éternellement. Nous nous sommes regardés longuement, et puis j'ai hoché la tête.

— À mon retour, a-t-il réagi, j'attends une réponse de ta part. Oui ou non. Je ne te demande pas *quand*, mais *si*.

— Très bien.

Et il est parti.

Au cours des jours qui ont suivi, j'ai beaucoup réfléchi à ce que j'avais vécu jusque-là comme à l'avenir qui m'attendait. J'aimais Joe. J'adorais les garçons. L'idée de les perdre tous les trois m'était insupportable. Connaissant Joe, je savais qu'il ne plaisantait pas en affirmant qu'il me posait la question pour la dernière fois. Il était prêt, le cas échéant, à disparaître de ma vie à jamais.

Dire oui m'obligeait à changer définitivement le cours de mon existence alors que j'avais vingt-cinq ans. D'un autre côté, dire non était synonyme de voir disparaître les trois personnes que j'aimais le plus au monde. Cela ne m'empêchait pas de m'inquiéter à l'idée de ce qui pouvait mal tourner un jour : pour moi, pour Joe, pour les garçons.

Dans *Les Quatre Amours*, C. S. Lewis détaille les différents besoins qui sont les nôtres dans une relation. Il décrit fort bien le dilemme auquel j'étais confrontée :

> *Aimer est une forme de vulnérabilité. Quel que soit l'objet de votre amour, votre cœur en sortira meurtri, voire brisé. Pour avoir l'assurance de le conserver intact, la seule solution est de ne le donner à personne, pas même à un animal. Habillez-le soigneusement d'habitudes et de petits luxes ; évitez de vous impliquer ; enfermez-le dans le cercueil de votre égoïsme. Mais sachez qu'il changera dans cet asile sûr, sombre, immobile et étouffant. Il ne se brisera pas, il deviendra même incassable, impénétrable, irrécupérable. La seule solution pour éviter toute tragédie, ou du moins le risque d'une tragédie, est la damnation. Le seul endroit, en dehors du paradis, où l'on se trouve à l'abri des dangers et des bouleversements de l'amour n'est autre que l'enfer.*

*

Le soir de son retour d'Afrique du Sud, Joe est passé directement chez moi au lieu de rentrer chez lui. Je m'attendais à ce qu'il vienne me chercher pour aller au grand dîner de famille qui nous attendait à son domicile (Mom-Mom, Dada, Val et Jack, Frank et les garçons étaient réunis à cette occasion), mais il ne semblait pas d'humeur réjouie lorsque j'ai ouvert la porte. Je l'ai invité à entrer, mais il m'a regardée droit dans les yeux.

— J'aimerais connaître ta réponse, m'a-t-il dit.

Il m'opposait une mine inquiète et grave, je me suis demandé si les craintes qui continuaient de me miner pouvaient se lire sur mes traits. Pourtant, même dans l'espace confiné de ce lieu impersonnel, je sentais son amour. Un amour inconditionnel, infini. De mon côté, les garçons et lui avaient conquis mon cœur, nous entretenions des liens trop étroits désormais pour qu'il soit question de se protéger les uns des autres. Mariés ou non, nous formions déjà une famille.

Je l'ai regardé à mon tour avant de répondre d'une petite voix :

— C'est oui.

Son visage s'est détendu sous l'effet du soulagement et il m'a serrée dans ses bras. Puis il m'a saisie par les épaules en me regardant d'un air solennel.

— Ta vie ne changera jamais, je te le promets.

Lors du dîner de famille ce soir-là, nous n'avons confié notre secret à personne, sans que je puisse savoir si les autres avaient senti une différence. En face de moi, Joe était enfin détendu, il riait un peu trop fort et m'observait avec une affection empreinte de reconnaissance. À mesure que je m'accoutumais à l'idée de ce mariage, mes doutes commençaient à se dissiper. En balayant du regard les membres de la famille, j'ai su que j'avais fait le bon choix.

J'ai souvent songé depuis à la promesse que m'a faite Joe ce soir-là, à son engagement que ma vie « ne change jamais ». C'était tout sauf vrai, évidemment. La vie est synonyme de changement. Notre existence aura été à la fois plus extraordinaire et plus difficile que nous n'aurions pu l'imaginer lorsque nous échangions des sourires ce jour-là. Nous n'avons pas été épargnés par les drames. Nos cœurs ont été malmenés, mais le seul endroit capable de nous protéger des dangers de l'amour est l'enfer. Et puis il y a une constante dans ma vie : Joe et moi avons toujours pu compter l'un sur l'autre.

Il y a un an, au moment de Noël, il a écrit à mon intention un recueil de poèmes. Mon préféré est celui-ci :

J'avais perdu tout espoir et tout avenir
Mais à l'instant où je t'ai vue j'ai compris
Je me suis donné bien du mal pour ton consentement
Mais tu as bouleversé mon univers en disant oui.

Il m'avait promis l'amour, et malgré les échecs et les victoires, les naissances et les décès, à mesure que notre famille évoluait, cette réalité n'a jamais changé.

*

Le 17 juin 1977, habillée d'une robe ajourée, je me suis retrouvée à côté de Joe devant l'autel de l'église des Nations unies à Manhattan. Alors que le prêtre commençait la cérémonie, Beau et Hunter se sont brusquement levés de leurs bancs de velours rouge et se sont approchés de l'autel où ils ont rejoint Joe sans prononcer une parole. Sans en parler à quiconque, les garçons avaient compris instinctivement que ce mariage nous unissait tous les quatre. Ces petits garçons chéris avaient compris, mieux que personne, que dans la richesse comme dans la pauvreté, pour le meilleur et pour le pire, nous affronterions ensemble le monde entier.

7

MÈRE TOUT COURT

— Mais enfin, Jill ! Quand est-ce que tu vas te décider à laver nos affaires ?

Au bord de l'exaspération, Beau me tendait une paire de chaussettes sales. Il avait huit ans.

Une fois mariée avec Joe, j'ai estimé qu'il me fallait passer un peu de temps à la maison avec les garçons de façon à mettre au point notre nouvelle vie. Joe et Val, avec le soutien de l'ensemble de la famille Biden, avaient accompli un véritable exploit en créant un environnement dans lequel Hunt et Beau se sentaient aimés et sécurisés. Malgré tout, les garçons avaient dû s'adapter à bien trop de bouleversements et ce nouveau changement, même s'ils le souhaitaient, allait nécessiter quelques ajustements. Tout comme Val et Mom-Mom, j'étais consciente de ne pouvoir remplacer leur maman ; en revanche, il m'était possible de leur rendre un peu de ce qu'ils avaient perdu. J'ai donc renoncé provisoirement à mon poste d'enseignante pour m'occuper d'eux à temps plein.

À l'image de beaucoup de jeunes parents, je n'avais aucune idée de la réalité qui m'attendait.

Étant l'aînée de cinq filles, j'avais passé beaucoup de temps à jouer le rôle de parent. En plus de veiller sur mes sœurs, j'arbitrais leurs disputes tout en aidant ma mère à la maison. J'avais en revanche pris l'habitude de vivre seule et de gérer au cordeau mon petit appartement depuis que je vivais en célibataire. Sans compter que je n'avais aucune expérience des garçons, et il faut bien reconnaître que Beau et Hunt étaient de *vrais* garçons.

Un après-midi où je me trouvais dans notre chambre à l'étage, je les ai entendus entrer en trombe à la maison.

— Viens vite ! ont-ils hurlé.

J'ai dévalé l'escalier pour voir de quoi il retournait et découvert Beau, un filet à la main, affichant une mine tout excitée.

— Regarde ce qu'on a trouvé ! s'est-il écrié fièrement.

En me penchant au-dessus du filet, j'ai vu un serpent enroulé sur lui-même. J'ai poussé un grand cri avant de remonter les marches quatre à quatre et de m'enfermer dans ma chambre. Les garçons ont aussitôt appelé Joe à Washington pour lui expliquer qu'ils m'avaient fait si peur que je me cachais. Jamais je n'avais imaginé me retrouver confrontée un jour à un serpent.

Beau et Hunt pratiquaient toutes sortes de sports, avec les bobos et autres entorses que l'on peut imaginer. Ils étaient turbulents et bruyants. Ils trouaient leurs jeans et rentraient couverts de boue, si bien que je n'aurais pas dû être surprise le jour où Beau, habituellement si serviable, m'a prise à partie ce jour-là dans la cuisine.

— Comment ça, quand est-ce que je vais me décider à laver vos affaires ? Je fais la lessive toutes les semaines.

— Ce serait mieux tous les jours, a-t-il répliqué avec un semblant de tact.

J'ai rapidement compris que Beau avait raison. Passer à des lessives quotidiennes était la seule solution avec des garçons aussi peu soigneux.

J'ai donc fait tourner le lave-linge tous les jours au cours des deux années qui ont suivi, en plus de mettre des sparadraps sur les coudes écorchés et de soigner les accès de fièvre. Je passais prendre les garçons tous les après-midi à la sortie de l'école à Wilmington. Je les conduisais aux matchs de football et aux cours de catéchisme tout en préparant le dîner du soir. Je me joignais aux autres parents le jour de la fête du hot-dog, ce qui me permettait de cuire des tonnes de saucisses dans la minuscule cuisine de l'école, de charger celles-ci sur une table roulante et de parcourir les couloirs en approvisionnant les classes les unes après les autres. Dans le cadre de mes activités de bénévole à la bibliothèque scolaire, je consignais les sorties de livres avant de ranger les ouvrages qui rentraient, ce qui permettait aux garçons de venir me rendre visite avec leurs copains. Il était clair, à les voir, qu'ils étaient fiers de leur nouvelle Mom.

*

Il ne m'a jamais échappé que je vivais une histoire d'amour destinée à une autre. À l'inverse de mes parents qui avaient construit leur vie ensemble dès le départ, j'héritais d'une famille fondée par Neilia. Personne ne m'avait appris à m'occuper d'un veuf. Même une émission comme *The Brady Bunch*, dont l'intrigue tournait autour d'une situation familiale proche de celle que je connaissais, n'évoquait jamais les parents disparus dont Carol et Mike avaient pris la place.

Après notre mariage, Joe et moi avons emmené les garçons dans le nord de l'État de New York rendre visite aux parents de Neilia, les Hunter. La mère des garçons avait grandi au bord d'un lac dans une charmante bourgade nommée Skaneateles. Ses parents s'étaient installés en Floride depuis, mais ils revenaient passer les étés dans leur ancienne maison. Je n'ose pas imaginer ce qu'ils ont pu penser en me voyant pour la première fois. J'étais la nouvelle femme de Joe, celle qui avait à peu près l'âge de leur fille la dernière fois qu'ils l'avaient vue. Ils ont certainement vu à travers moi l'avenir auquel leur fille n'aurait jamais droit. Ils auraient fort bien pu en vouloir à celle qui avait épousé leur gendre, ou bien leur chagrin aurait pu les endurcir, mais il n'en était rien. Ils m'ont accueillie à bras ouverts.

Tous les étés, nous emmenions Beau et Hunter dans leur maison au bord du lac afin qu'ils puissent passer quelques semaines avec leurs grands-parents. On les envoyait également en Floride aux vacances de Pâques, ce qui permettait à Dada et Mom-Mom Hunter de les emmener à Disney World. Eux aussi faisaient partie de notre famille.

Le souvenir de Neilia n'était jamais très loin.

L'un des premiers rassemblements politiques auxquels j'ai participé était un pique-nique organisé à l'occasion du lancement de la campagne sénatoriale de Joe en 1978. Plusieurs centaines de bénévoles et de supporters se retrouvaient à cette occasion dans l'établissement où il avait fait ses études, l'Archmere Academy. C'est la première fois que l'on m'a officiellement présentée aux citoyens du Delaware et aux membres du Parti démocrate comme la femme de Joe.

De même que nous n'avions jamais annoncé officiellement nos fiançailles, je n'avais prévenu personne de notre intention de nous marier, en dehors de la famille proche. Un mariage à Wilmington ou à Washington aurait inévitablement attiré l'attention de la presse, alors que nous souhaitions une cérémonie dans l'intimité, ce qui nous avait conduits à opter pour l'église des Nations unies à New York. Au moment de procéder à la demande de licence nécessaire en prévision du mariage, nous avons pris le train pour New York et nous sommes rendus en taxi au service municipal concerné dans le Bronx où nous avons fait la queue au milieu des familles avec leurs petites filles endimanchées portant des gâteaux de mariage miniatures. Joe et moi avons rempli les formulaires puis nous avons patienté, le temps que soient apposés les tampons. À mon grand soulagement, personne ne s'intéressait à nous. Un quart d'heure s'était écoulé lorsqu'une voix sonore nous a appelés en écorchant notre patronyme.

— Bidden ! Bidden !

Je me suis tournée vers Joe et j'ai éclaté de rire.

— Comme quoi le secret sera bien gardé !

Toujours est-il que j'étais officiellement devenue Mme Biden, avec toutes les contraintes que cela impliquait. Nous avions fait preuve de tant de discrétion durant les deux années écoulées que personne ne savait rien de moi, en dehors de nos proches. Lors de ce pique-nique officiel, tout a changé ; les gens faisaient la queue pour me saluer et me serrer la main.

— Ravi de vous rencontrer ! s'écriaient-ils les uns après les autres lorsqu'ils ne me félicitaient pas pour mon mariage.

Très vite, certains m'ont expliqué qu'ils connaissaient Neilia et m'ont parlé d'elle. Certaines femmes allaient jusqu'à me prendre par les épaules en disant : « Laissez-moi vous regarder. » Ces militantes démocrates ne pensaient pas à mal. Les gens se sentaient concernés par la vie de Joe, surtout depuis l'accident. Beaucoup avaient prié pour lui, moi la première, ou partagé son chagrin. Il était donc normal que toutes ces bonnes âmes du Delaware cherchent à savoir si j'étais à la hauteur. Sans être confrontée à des réactions malveillantes, je dois avouer que cet examen de passage a été pénible.

Faute de choix, je me suis contentée de sourire et de serrer des mains.

Le pique-nique terminé, Joe m'a serrée dans ses bras.

— Je suis désolé, ma chérie.

Je lui ai dit que je comprenais, ce qui était le cas. Cela ne m'a pas empêchée de m'enfermer dans ma chambre ce soir-là, une fois rentrée à la maison. J'avais besoin d'être seule pour me remettre.

*

Il est difficile de savoir ce que l'on doit à la conjointe qui vous a précédée. Certaines personnes ont du mal à accepter que l'amour de leur vie ait pu aimer une autre auparavant, et que cet amour reste vivant quelque part. Cela peut engendrer des réactions de jalousie, ou donner à penser que l'on n'est pas à la hauteur. On attribue souvent au président Theodore Roosevelt la maxime suivante : « La comparaison tue la joie. »

Tout en comprenant la complexité de ces émotions, je ne me suis jamais sentie mise en danger par Neilia. Joe a toujours veillé à ce que je sente combien il m'aime. Il se moque même souvent de moi en affirmant m'aimer plus que je ne l'aime. Comment pourrait-il le savoir ? De mon côté, j'ai pensé dès le départ que s'il avait pu aimer Neilia aussi fort, de façon aussi absolue, il était capable de m'aimer autant. Que l'amour qui nous liait était peut-être celui que j'espérais pour avoir vu l'exemple de mes parents.

Joe disait souvent aux enfants : « C'est maman qui nous a envoyé Jill. » Il le croyait sincèrement, tout comme les garçons. Comment auraient-ils pu donner un autre sens à la perte injuste de leur mère et de leur sœur ? Ils avaient besoin de croire que l'amour de leur mère pour eux se perpétuait, au point de leur envoyer quelqu'un qui viendrait combler leur besoin d'amour. Les garçons ont continué de le croire en grandissant. Joe leur avait fait un cadeau magnifique en donnant un sens au monde qui les entourait.

Je ne souhaitais nullement que se perde le souvenir de Neilia. Je ne voulais pas que les garçons puissent se sentir contraints de choisir entre leur mère et moi, ou obligés de refouler une partie d'eux-mêmes, de sorte que Neilia avait sa place dans notre famille. Nous n'habitions plus la maison qu'elle partageait à l'époque avec Joe, mais elle n'en restait pas moins présente parmi nous. Plusieurs portraits d'elle étaient installés bien en vue dans la maison et Joe parlait d'elle à ses fils. Ces derniers conservaient en eux une partie d'elle, il m'arrivait de la voir à travers un rire, un retroussement de nez, la courbe de leur front. J'insistais auprès de Joe pour qu'il leur rappelle constamment combien elle les aimait. Elle était leur mère à jamais. Il ne pouvait y avoir de « nous » sans elle.

Tous les 18 décembre, le jour anniversaire de l'accident, notre monde s'arrêtait. Joe ne se rendait pas à son travail et les enfants arrivaient en retard à l'école car nous assistions à la messe de 7 heures à l'église de notre paroisse catholique, St. Joseph, à Wilmington. Joe et les garçons se rendaient ensuite au cimetière pendant que je rentrais seule à la maison préparer une collation composée de bagels, de salade de fruits, de yaourts et de café pour la famille élargie à Jack et Val, Mom-Mom, Dada, et tous ceux qui souhaitaient se joindre à nous. Joe m'avait expliqué que Neilia adorait les roses blanches, si bien que j'achetais un bouquet mortuaire auquel j'ajoutais du gypsophile et trois roses blanches : pour Joe, Hunter et Beau. Je plaçais le tout dans la voiture de Joe afin qu'il n'ait pas besoin de s'en soucier. Une fois au cimetière, il ne leur restait plus qu'à partager ensemble ce moment d'intimité et les souvenirs qui allaient avec.

Je ne les ai pas accompagnés pendant des années, estimant que cet instant en compagnie de Neilia leur appartenait. J'y suis allée pour la première fois avec Joe après la mort de Beau. Tout en lui tenant la main ce matin de décembre glacé, j'ai repensé aux paroles prononcées à son enterrement : « La mort se pose sur elle comme un manteau de givre précoce / Recouvrant la fleur la plus fragile de toute la prairie. » J'ai songé à la famille que nous avions recomposée ensemble, elle, Joe et moi. Je lui devais tant : la loyauté, ma reconnaissance pour le cadeau que représentaient ces garçons magnifiques, tout mon amour, aussi. Si c'était bien elle qui m'avait envoyée à eux, j'entretenais l'espoir qu'elle en soit heureuse.

*

À mesure que s'écoulaient les semaines, ma vie avec les garçons a trouvé son rythme. Tous les soirs, je préparais un repas que nous mangions tous les trois puisque Joe ne rentrait jamais avant 19 h 30 ou 20 heures. Imitant l'exemple de ma mère, je veillais à ce que ce repas soit un moment privilégié en mettant la table et en allumant des bougies. Le dîner s'est rapidement imposé comme une tradition dans ma nouvelle famille, au même titre qu'il l'était lorsque j'étais petite. Les enfants y ont vu un point d'ancrage.

Nous attendions le retour de Joe pour prendre le dessert ensemble avant qu'il aille coucher les garçons. Il manquait rarement le rituel du coucher, même lorsqu'il était épuisé à sa descente du train en apportant avec lui « l'odeur de son travail », ainsi que la qualifierait Ashley quelques années plus tard. Joe grattait le dos de ses fils et les endormait en leur racontant des histoires. Une tâche qui continue de lui échoir aujourd'hui encore lorsque nos petits-enfants dorment à la maison. Les enfants de Beau, le petit Hunter et Natalie, adorent qu'on leur raconte des histoires de Beau quand il était petit, tout comme les filles de Hunter, Naomi, Finnegan et Maisy, aimaient entendre des histoires de leur père lorsqu'elles étaient plus jeunes. Joe n'a pas son pareil, comme conteur familial.

Au-delà du repas du soir et du dessert pris en commun avant le coucher, la nourriture occupait une place importante au sein de notre famille, la même que lorsque Joe et moi étions enfants dans nos familles respectives. Les garçons ont un an et un jour de différence, Beau est né un 3 février et Hunter le 4 de l'année suivante, de sorte que chacun à son tour avait le choix du repas et du dessert pour ce double anniversaire. Lorsque c'était au tour de Beau, il optait pour un festin de pâtes et de brownies, que nous partagions avec toute la famille réunie. L'année suivante, c'était au tour de Hunter qui réclamait invariablement son plat préféré, ma tourte au poulet, avec de la glace en dessert. Ces anniversaires servaient de prétexte à une fête familiale annuelle, tout le monde se retrouvant à la maison pour le plaisir de dîner ensemble sur fond de ballons et de cadeaux en pagaille. Mom-Mom, qui manquait systématiquement de papier cadeau, emballait invariablement dans du papier journal ce qu'elle offrait aux garçons. De mon côté, je veillais aux préparatifs en collant des Post-it un peu partout dans la maison. C'était beaucoup de travail, mais l'essentiel était que les enfants aient le sentiment d'être le centre du monde à cette occasion.

D'autres traditions marquaient l'année. Pour le réveillon de Noël, nous préparions systématiquement un énorme plat de pâtes que nous dégustions ensemble, avant la visite traditionnelle des pompiers. Chaque année, la brigade locale décorait l'un de ses camions avec des personnages de dessins animés avant de parcourir à petite vitesse les différents quartiers de la ville en actionnant la sirène et en jetant des bonbons à tous ceux qui saluaient leur passage. Ils faisaient systématiquement halte à la maison, et je préparais à cette occasion du lait de poule et des biscuits. Cette visite excitait grandement les garçons pour qui cette marque de célébrité apportait un charme additionnel à une soirée magique.

Nous avons lancé le principe d'un arbre de Noël entre tous les cousins : les enfants de Jimmy, de Frank et de Val, en plus de Beau et Hunt. Val et moi glissions dans un chapeau des petits papiers sur lesquels étaient inscrits les noms de tous les enfants, en trichant de façon que Val offre leurs cadeaux à Beau et Hunter pendant que je donnais le sien à sa fille Missy. Les enfants ont fini par éventer notre ruse après quelques années en s'apercevant que ce tirage au sort donnait curieusement toujours le même résultat.

C'est à l'occasion d'un Noël que les garçons m'ont offert la bague de fiançailles de Neilia. Joe avait initialement prévu d'en faire fondre le métal et de réaliser deux anneaux afin que chacun des deux garçons puisse l'offrir un jour à sa future femme. Ce bijou avait toutefois une valeur sentimentale trop importante pour disparaître de la sorte, et les garçons ont décidé que je devrais la porter.

Aucun mot n'aurait pu exprimer ce que j'ai ressenti ce soir-là. J'ai commencé par serrer les deux garçons dans mes bras avant de réagir :

— C'est un honneur pour moi de porter cette bague, mais sachez qu'elle vous appartiendra toujours.

À la suite de quoi, il a été décidé qu'elle reviendrait de droit à la première petite-fille née au sein de notre famille.

Vingt ans plus tard naissait Naomi, la fille aînée de Hunter, à qui ce dernier donnait le nom de sa petite sœur disparue. Il est donc normal que cette bague lui revienne un jour, j'espère qu'elle la transmettra à son tour à ses enfants, perpétuant une tradition qui alimente la mémoire de Neilia.

J'ai toujours noté avec intérêt la façon dont certains détails donnent un sens particulier aux événements les plus anodins : les craquements d'un vinyle lorsque nous écoutons nos vieilles chansons préférées ; le fait de poser un catalogue de jouets sur la banquette arrière en prévision d'un long trajet en voiture ; s'accorder une dernière douceur avant de se coucher ; la décision d'inviter quelqu'un à la dernière minute à un repas d'anniversaire... Autant de rituels sacrés auxquels nous sommes prêts à sacrifier. Préparer un hot-dog ou bien tirer un nom d'un chapeau est une façon comme une autre de déclarer notre amour aux autres. De leur affirmer que nous les avons choisis. De leur dire : quoi qu'il advienne, tu peux compter sur moi.

*

Un matin, je me trouvais dans la chambre quand Joe a demandé aux garçons de me dire au revoir avant de prendre le bus pour aller à l'école. En m'embrassant, Hunter et Beau ont ajouté : « On t'aime, Mom. » Le mot leur est venu spontanément. Ils ne pouvaient pas se douter de l'effet que cela me ferait de passer du statut de *Jill* à celui de *Mom*. Les garçons m'aimaient. De mon côté, je les aimais plus que je n'aurais jamais pu l'imaginer.

Lorsque, peu après mon mariage avec Joe, le magazine *People* nous a consacré un article, le journaliste a demandé à Beau de lui parler de sa « belle-mère ». Beau lui ayant répondu sur un ton catégorique qu'il n'avait pas de belle-mère, le rédacteur en chef du magazine a pris langue avec le secrétariat de Joe. Pour avoir entendu parler du drame survenu à Neilia et Naomi, il était perplexe : la mère des garçons n'était donc pas morte ? Qu'avait bien voulu dire Beau ? L'attaché de presse lui a expliqué en riant que les garçons m'appelaient Mom et que je n'étais pas une belle-mère à leurs yeux. Beau et Hunt n'en ont jamais démordu. Chaque fois qu'un ami ou un journaliste évoquait leur belle-mère, ils répondaient fièrement que j'étais leur mère tout court.

Avant même d'avoir atteint l'âge où ils étaient capables d'analyser leurs sentiments, les garçons avaient compris que le terme de *belle-mère* était synonyme de fausse mère. La situation est différente dans chaque famille, évidemment. Je connais bien des gens qui ont recours à des expressions spécifiques lorsqu'il s'agit de décrire les relations à l'intérieur de la cellule familiale : belle-maman, parent supplémentaire, demi-frère ou demi-sœur. Il se trouve que belle-maman ne nous convenait pas. Plus exactement, cela ne convenait pas aux garçons. Il était essentiel de mon point de vue que Beau et Hunter aient le sentiment que nous formions une vraie famille. Il leur revenait donc de définir notre relation, personne d'autre n'aurait pu s'en charger à leur place.

Les réactions négatives de certaines personnes nous semblaient dérangeantes. Le présentateur d'une émission diffusée sur le câble qui nous avait invités un jour avec Joe sur son plateau m'a interrogée sur mes « beaux-fils » en faisant référence à Beau et Hunter. Je l'ai corrigé gentiment sur ce point en précisant que j'étais leur mère tout court, mais il n'en démordait pas, insistant sur le fait qu'ils étaient « techniquement » mes beaux-fils. De façon plus ou moins consciente, les gens qui refusaient de se mettre au diapason de notre fonctionnement nous jugeaient en établissant une frontière entre ce qu'ils estimaient être une vraie famille et de simples relations de proximité.

Qu'il soit question d'adoption, de divorce, de mariage homosexuel ou quoi que ce soit d'autre en lien avec la famille, chacun devrait être libre d'en déterminer la forme, à sa convenance. C'est ce que nous avons fait. Chez nous, Neilia serait toujours maman, mais j'étais Mom. Il y avait bien assez de place et d'amour pour tout le monde.

8

VOICI NOTRE BÉBÉ

Certaines personnes sont convaincues qu'un parent (la mère, généralement) est incapable d'aimer un enfant adoptif autant qu'un enfant biologique. De leur point de vue, seul l'ADN est capable de créer un véritable lien entre un parent et son enfant. Cette opinion était encore plus répandue lorsque Beau et Hunter étaient petits. J'ai toujours pensé que cette vision de l'amour maternel ne se limitait pas aux familles recomposées ; dans un monde où circulent constamment de nouvelles théories parentales, on nous explique volontiers qu'il existe un grand nombre de gradations dans la façon d'aimer, selon qu'un enfant est né par césarienne, qu'il a été nourri au lait maternisé ou conduit très tôt à la crèche.

Personnellement, je sais que j'aimais les garçons chaque jour un peu plus. Cela ne m'empêchait pas de me demander si je les aurais aimés davantage si je leur avais donné la vie. Je ne voyais pas vraiment comment, et j'espérais au fond de moi accorder à tous mes enfants la même attention, à l'image de tout parent digne de ce nom. Il n'en restait pas moins que je n'avais aucun moyen de le savoir tant que je n'aurais pas accouché d'un bébé.

Lorsque Joe et moi nous sommes mariés, je lui ai dit que je trouvais notre famille parfaite sous cette forme. Nous avions déjà deux garçons extraordinaires, de sorte que je ne voulais pas d'autre enfant. J'étais sincère. Entre mon quotidien avec eux et mon souhait de trouver une place dans leur vie, j'avais du pain sur la planche. Très vite, le quartet que nous formions avait trouvé sa vitesse de croisière. Joe s'imposait peu à peu au Sénat, les garçons excellaient à l'école et dans le domaine sportif, et je m'épanouissais dans mon rôle de mère. J'avais appris à prendre les enfants dans mes bras, au sens propre comme au sens figuré. Ils adoraient les câlins et nous prenions plaisir à regarder tous les soirs *Happy Days - Les Jours heureux* serrés sur le canapé. Je ne manquais aucun des matchs auxquels ils participaient, qu'il s'agisse de foot, de football américain, de tennis, de baseball ou de basket, c'était invariablement moi qui criais le plus fort pour les encourager. J'avais même fini par me résoudre aux aspects les moins attrayants de la parentalité, je pense en particulier aux punitions. Je ne craignais plus de leur reprocher d'avoir déchiré un pull ou de les envoyer dans leur chambre lorsqu'un problème était survenu à l'école. Tout simplement parce que c'était mon rôle de mère.

J'étais leur mère dans toutes les acceptions du mot. Ils le savaient aussi bien que moi. Depuis le jour où ils m'avaient spontanément appelée Mom, je savais que nous avions réussi à construire l'environnement familial que j'avais toujours désiré.

À partir de ce moment-là, je n'ai plus eu peur de les décevoir. Les garçons étaient heureux et se portaient bien. Nous formions un ensemble solide et sûr. C'est alors qu'un phénomène étrange s'est produit : l'amour était si présent dans ma vie que j'étais devenue insatiable. La peur de ne pas être à la hauteur qui m'avait longuement taraudée s'était évaporée, cédant la place au sentiment qu'en grossissant, nos cœurs faisaient de la place pour quelqu'un d'autre.

J'ai gardé le souvenir cuisant de mon dégoût en apprenant que ma mère était enceinte des jumelles. J'avais quinze ans à l'époque, et tout en sachant qu'elle avait forcément eu des rapports sexuels avec mon père au début de leur relation, dans le seul but de nous avoir, Jan, Bonny et moi, je n'imaginais pas un instant que c'était *toujours* le cas. C'était l'époque où la pudibonderie des séries télévisées empêchait les producteurs de montrer des toilettes dans les intérieurs, où Internet et l'éducation sexuelle n'existaient pas, où les adolescents de ma génération devaient se rabattre sur des longs métrages tels que *La Vallée des poupées* pour tenter de percer les mystères de la chambre à coucher. À trente-cinq ans, ma mère était bien trop âgée à mes yeux pour s'adonner à des activités de ce genre, et voilà que j'avais la preuve du contraire.

En cherchant quelque chose dans son tiroir, j'étais tombée par hasard sur une carte de l'une de mes tantes félicitant ma mère de l'arrivée d'un nouveau bébé. Au comble de l'ébahissement, je suis allée trouver ma mère en lui agitant la carte sous le nez, à la façon d'un conjoint trahi.

— J'ai trouvé ça dans ton tiroir. Tu es enceinte ?

C'était bien le cas.

— Maman ! Comment as-tu pu coucher avec papa ? Vous avez arrêté, au moins ?

Loin de me répondre, elle m'a adressé un sourire amusé.

Je l'ai suppliée :

— Promets-moi de ne jamais, *jamais* recommencer.

Alors elle me l'a promis, sans la moindre intention de tenir son engagement.

Ma mère a pris beaucoup de poids pendant sa grossesse, elle portait tous les jours la même tenue, du moins est-ce le souvenir que j'en ai conservé. Je la vois encore, debout dans la cuisine, vêtue d'une véritable tente, les veines des jambes toutes gonflées. J'étais mortifiée pour elle de la voir aussi énorme, au point de m'arranger pour que mes amies ne la croisent pas lorsqu'elles venaient à la maison, voire en ne les invitant plus chez moi. J'attendais l'accouchement avec impatience, en dépit du fait qu'un bébé pleurerait désormais chez nous, une autre perspective qui me rebutait.

Jusqu'au jour où nous avons découvert qu'il n'y aurait pas un bébé, mais deux. Des jumelles. Autant Bonny et Jan étaient ravies, autant cette perspective m'agaçait.

Dans la mesure où mon expérience de la grossesse se limitait à cela, je ne peux pas dire que la perspective de tomber enceinte m'enchantait. J'avais toutes sortes de bonnes raisons de ne pas vouloir un bébé, mais elles ont fini par s'estomper l'une après l'autre. J'ai même éprouvé un désir croissant de combler le vide qui s'était créé dans mon cœur. Je n'en ai rien dit à Joe pendant des mois, jusqu'au jour où j'ai craqué.

Nous étions allés à Philadelphie en amoureux, nous achevions la soirée au bar de l'hôtel Bellevue-Stratford quand je m'en suis ouverte à lui.

— J'ai conscience de t'avoir expliqué que deux enfants me suffisaient, mais j'aimerais en avoir un autre.

Joe a écarquillé les yeux sous l'effet de la surprise, d'autant que nous étions d'accord sur le fait d'avoir deux enfants. Il n'a pas dit non, mais il n'a pas dit oui non plus. Il avait besoin de temps avant de prendre une décision aussi importante.

Sans être vraiment d'accord, il voyait bien que je tenais beaucoup à cette idée, et sa réponse est venue peu après :

— Très bien, Jill. Si c'est ce que tu souhaites, essayons d'avoir un bébé.

Mon médecin m'a prévenue que cela pouvait prendre du temps, mais un mois plus tard, je ressentais les premiers signes d'une grossesse.

J'avais beau me sentir parfaitement à l'aise dans ma relation avec les garçons, je m'inquiétais de leur réaction. Si je m'étais moi-même posé la question de savoir si je continuerais à les aimer autant, il était probable qu'ils se la poseraient également. L'arrivée d'un bébé étant un changement important pour n'importe quel enfant, je tenais à m'assurer que Beau et Hunt ne se sentent pas exclus de cet événement. J'avais envie qu'ils soient heureux à l'idée d'accueillir un petit frère ou une petite sœur, si bien que je suis allée les trouver avant même d'en parler à Joe.

— Je crois que je suis enceinte, mais je ne veux pas le dire à papa dans l'immédiat. Le mieux serait que nous gardions le secret tous les trois en attendant que je sois sûre.

Je les ai emmenés jusqu'à une pharmacie Eckerd et leur ai demandé d'attendre dans la voiture pendant que, des lunettes noires sur le nez et un fichu sur la tête pour ne pas être reconnue, j'allais acheter un test de grossesse. Les garçons, qui avaient l'impression de participer à une mission d'espionnage, étaient ravis.

Je devais rapporter le test le lendemain, ce que j'ai fait à la première heure, et le résultat est tombé : j'étais enceinte.

Joe étant déjà dans le train pour Washington, j'ai proposé aux garçons de lui annoncer eux-mêmes la nouvelle à son retour du Sénat.

Beau et Hunt avaient le plus grand mal à contenir leur excitation lorsque Joe est rentré ce soir-là. Je leur ai ouvert la voie :

— Les garçons ont une grande nouvelle à t'annoncer.

— Papa ! On va avoir un bébé ! se sont-ils écriés aussitôt.

Le visage de Joe s'est littéralement illuminé. Nous étions dans la cuisine et il nous a pris tous les trois dans ses bras. J'ai poussé un soupir de soulagement.

Le lendemain, j'ai appelé Val et lui ai donné rendez-vous sur le parking du supermarché Food Fair, le lieu le plus facile d'accès pour une conversation privée. Quand je lui ai appris la nouvelle, elle a poussé un cri et m'a serrée dans ses bras, puis nous avons débouché une bouteille de champagne dans la voiture !

Je n'en ai bu qu'une gorgée, bien sûr, mais le champagne m'a rarement paru aussi bon.

Les premières contractions m'ont réveillée à 3 heures le matin du 8 juin 1981. J'ai réveillé Joe qui ne s'est pas départi de son flegme, lui qui avait déjà assisté à trois accouchements. Il savait mieux que moi à quel point le processus peut être long, en particulier dans le cas d'un premier enfant.

— C'est bon, a-t-il dit. Tu peux te rendormir.

Comme j'étais incapable de retrouver le sommeil, je me suis levée, j'ai pris une douche et je me suis fait une mise en pli. Nous étions au début des années 1980 et il était hors de question que je ne ressemble à rien l'un des jours les plus importants de ma vie. À ma connaissance, rien n'interdisait à une femme d'être belle en salle d'accouchement.

Je n'avais pas encore terminé lorsque les contractions se sont intensifiées. Tout en me demandant à quoi je jouais, je me suis maquillée et habillée.

Au moment de partir, nous avons réveillé les garçons et promis de leur envoyer quelqu'un au plus vite, mais ils n'ont rien voulu entendre.

— Non ! On veut venir aussi !

L'instant suivant, nous montions tous les quatre dans la voiture alors que les contractions se rapprochaient. Agrippée à l'accoudoir de mon siège, je prenais mon mal en patience. J'aurais volontiers hurlé et brisé ma vitre d'un coup de poing, mais je ne voulais pas effrayer les garçons. La grossesse de ma mère m'avait suffisamment traumatisée, ces images continuaient de me hanter. Mes phalanges étaient blanches à force de serrer le tableau de bord et je respirais longuement dans l'espoir de ne pas gémir de douleur.

Malgré tous mes efforts, j'étais défaite lorsque nous sommes arrivés à l'hôpital. Comme j'avais perdu les eaux dans la voiture, j'étais trempée et mes chaussures faisaient un bruit de ventouse à chaque pas, mais ma coiffure était impeccable. Joe et les garçons m'ont aidée à marcher jusqu'à l'accueil où j'ai expliqué à l'infirmière, entre deux hoquets, que j'étais en train d'accoucher.

L'infirmière a sursauté en relevant la tête.

— Joe Biden ! s'est-elle exclamée. Je peux avoir votre autographe ?

J'ai lancé à Joe un regard noir. *Si jamais tu donnes un autographe à cette femme, c'est toi qui auras besoin d'aller à l'hôpital.* Il a adressé à l'infirmière l'un de ses sourires ravageurs en marmonnant entre ses dents.

— Euh… peut-être plus tard.

Le personnel soignant m'a prise en charge. Au moment où l'on me posait une perfusion, Joe, pris de vertige, a dû s'asseoir. Les infirmières m'ont lâchée instantanément pour lui proposer du jus d'orange et lui donner à respirer des sels.

Pas de souci, les filles, ai-je pensé très fort. *Inutile de vous occuper de moi, ce n'est pas comme si j'allais accoucher!*

Tout au long de ma grossesse, j'avais répété à Beau et Hunt que ce bébé serait le leur. Nous leur avions aussi laissé le choix du prénom. Au terme d'heures de discussions, ils avaient choisi Ashley et Colleen si c'était une fille. Je préférais Ashley, si bien qu'à la naissance de notre fille, nous l'avons appelée Ashley Blazer Biden, Blazer étant le nom de jeune fille de ma grand-mère préférée, grand-mère Jacobs.

Ashley était un beau bébé, elle pesait 2,950 kilos en dépit du fait qu'elle était minuscule. Son visage nous a paru à la fois étrange et familier, nous sommes immédiatement tombés amoureux d'elle tous les quatre. J'ai su dès la première minute que Joe gâterait sa fille, et Dieu sait que je ne me suis pas trompée. Quant à Beau et Hunter, ils l'adoraient. Ils la prenaient dans leurs bras avec une tendresse inouïe pour des enfants de douze et onze ans. Nous avons emmené Ashley à la maison tous ensemble, avec le bonheur de savoir que notre famille était désormais au complet.

*

L'une des difficultés lorsque l'on s'occupe d'un nouveau-né, c'est qu'il change constamment. On met des semaines, parfois des mois, à trouver le moyen de nourrir son enfant, de l'empêcher de crier, ou tout simplement de l'endormir. Lorsqu'on finit par le bercer comme il se doit en lui chantant un air qu'il aime, le bébé vous accorde enfin quelques instants de répit, mais voilà qu'il se réveille le lendemain et refuse désormais qu'on l'emmitoufle dans une couverture parce qu'il veut agiter les bras en toute liberté. Son jouet et sa nourriture préférés ne lui plaisent plus, s'entêter le met en colère.

On a beau savoir que ces changements sont inéluctables, on peine à s'y accoutumer. Des ouvrages entiers sont consacrés au caractère versatile des tout-petits. C'est la raison pour laquelle les parents sont capables de distinguer un enfant de deux ans d'un enfant de deux ans et demi. Ces six mois font toute la différence. Nous faisons preuve de souplesse avec les bébés car nous n'avons pas le choix.

À mesure qu'ils grandissent, on pense en avoir terminé, à tort. En règle générale, on a tendance à s'habituer à ceux qui nous entourent en imaginant qu'ils resteront toujours les mêmes. Au moment de l'adolescence et de l'entrée dans l'âge adulte, nous avons du mal à ne plus voir le petit garçon qui attrapait des serpents ou la petite fille qui adorait les cours de danse. Nous devons apprendre à connaître de nouvelles personnes qui, tout en conservant des traits de l'enfant que nous avons connu, font état de nouvelles idées, de nouveaux espoirs, de nouveaux problèmes, de nouvelles aspirations.

Joe n'a pas eu l'occasion de vivre ces métamorphoses avec sa première fille. Alors qu'il racontait aux garçons de nombreuses histoires relatives à Neilia, il ne leur parlait jamais de leur petite sœur disparue. Un jour où quelqu'un lui demandait combien d'enfants il avait, il a répondu : « Quatre. » Les questions les plus anodines n'appellent pas toujours des réponses simples. En plus d'avoir perdu une enfant qu'il adorait, il avait perdu la possibilité de la connaître vraiment. Jamais il n'aurait l'occasion de se souvenir de ses anniversaires, des histoires qu'il lui racontait le soir, du premier jour où elle était montée sur une bicyclette, de celui de son mariage. Elle restait en lui sous la forme d'une vie en suspens, et il n'était pas en capacité de verbaliser ce chagrin. Dans n'importe quel couple, il arrive qu'on soit obligé de vivre seul certaines émotions.

Peu après la naissance d'Ashley, nous sommes allés la présenter aux Hunter. J'ai bien senti qu'ils nous étaient reconnaissants de cette visite et qu'ils regardaient ce bébé comme s'il s'agissait de leur petite-fille. Je sais aussi que cet épisode a dû être douloureux dans la mesure où il leur rappelait ce qu'ils avaient perdu.

Joe m'a dit un jour d'une voix douce : « Naomi aurait eu quarante ans aujourd'hui. » Sa force de caractère ne cesse de m'impressionner. Sa vie est jalonnée de pertes cruelles. Perdre un enfant a été un cauchemar pour moi. Il m'arrive de me demander si je serai à nouveau moi-même un jour au terme d'une telle épreuve, et je n'ose imaginer ce que peut ressentir Joe après avoir perdu deux enfants et sa femme. Il n'en conserve pas moins intacte sa foi en Dieu et continue de croire à la vie comme à l'espérance. En dépit de tout, il parvient à trouver la joie. Ce poème de Khalil Gibran me fait penser à lui :

Alors une femme dit : Parle-nous de la joie et du chagrin.
Et il a répondu :
Ta joie est ton chagrin sans masque
Et le puits d'où monte ton rire a souvent été rempli de tes larmes.
Comment en serait-il autrement ?
Plus ton chagrin érode ton être, plus il contiendra de joie.

Ashley avait six ans lorsqu'une petite camarade de classe, à son entrée en primaire, s'est moquée d'elle en lui révélant que Beau et Hunter n'étaient pas ses « vrais frères ». Je l'ai su lorsqu'une institutrice m'a appelée en m'expliquant qu'Ashley était inconsolable.

J'ai été choquée à la fois par la découverte qu'une petite fille de six ans puisse se montrer aussi méchante, et que les enfants parlent entre eux des « faux » frères d'Ashley. La notion même de vrais et de faux frères m'échappait. Que pouvait-il y avoir de plus vrai pour une enfant que de vivre auprès de deux garçons qui la protégeaient, et qui se chamaillaient avec elle afin de savoir qui était prioritaire dans la salle de bains ? Que pouvait-il y avoir de plus vrai que de partager avec eux les anniversaires et Noël et tous les secrets dont on ne parle pas à ses parents ? En quoi une quantité moindre d'ADN commun pourrait-elle affecter de tels liens ?

Nous n'avions encore jamais parlé à notre fille du premier mariage de son père, de la mort de sa femme et de sa petite fille. J'avais peur qu'elle en soit traumatisée, je ne souhaitais pas qu'elle puisse imaginer perdre un jour un parent ou un frère. Il était encore trop tôt. Sauf que je n'avais plus le choix. J'ai tout fait pour lui expliquer la situation le plus délicatement possible, mais Ashley a fondu en larmes. C'était terrible. Ainsi que je m'y attendais, elle ne prenait pas encore toute la mesure de ce secret révélé, mais elle en était perturbée.

Pour la mère que j'étais, ce moment a été difficile. Comme nous avons souvent pu le constater dans notre famille, le fait de se retrouver sous les projecteurs pousse certaines personnes à s'immiscer dans votre vie personnelle. Cela dit, même les familles anonymes font face à des réflexions malvenues sur leur façon de vivre : la nature de leur couple, les « vrais » frères, sœurs, pères et mères, les choix parentaux qu'ils font. Autant de soucis qui viennent s'ajouter aux interrogations auxquelles fait face n'importe quel parent.

J'ai consolé Ashley ce jour-là en lui expliquant que cela ne changeait rien à notre famille, que nous aimions autant tous nos enfants. En même temps, cela m'a fait réfléchir à la nature de ma relation avec chacun de mes trois petits, et j'ai pu constater que tout en les aimant d'une façon inconditionnelle, mon rapport avec chacun d'eux n'était pas le même.

À mon sens, l'immense majorité des parents se sentent coupables un jour ou l'autre de n'avoir pas aimé de façon égale. C'est une expérience que Joe et moi avons vécue. Il m'est arrivé d'aimer l'un de mes enfants plus que les autres. Ou moins. Il suffit qu'ils aient une passion ou un centre d'intérêt qui nous touche davantage, ou bien au contraire que l'on ne comprenne pas ce qu'ils vivent à une étape ou une autre de leur vie. Il est arrivé que l'un ou l'autre de mes enfants ait besoin de moi plus que les autres, et que je lui accorde davantage d'attention. Il m'est aussi arrivé d'avoir *moi-même* besoin de l'un plus que des autres. En fin de compte, comment doit-on pratiquer concrètement le mantra que chaque parent récite à un moment ou un autre de son existence: «Je vous aime tous autant»?

Ma relation avec Ashley n'a pas été différente de celle que j'avais avec les garçons. Ayant grandi avec des sœurs, je me sentais mieux en phase avec les rituels propres aux filles: les poupées comme les jolies robes. Nous discutions des heures durant avec Ashley, ce qui est toujours le cas. Il existe entre nous une franchise irremplaçable à laquelle je tiens énormément. Lorsque les garçons se montraient bruyants et sales, j'avais la possibilité de jouer toute la journée avec ma petite Ashley. Un jour, j'ai voulu emmener les garçons à un concert de musique classique, ce qui me paraissait normal de la part d'une mère élevant des préadolescents. Portée par ma vision romantique d'avoir des enfants cultivés capables de vibrer aux subtilités de Chopin ou de Tchaïkovski, j'étais persuadée qu'ils seraient émerveillés par l'émotion des cordes, l'originalité des bois et le rythme des percussions. À peine les lumières de la salle éteintes, les garçons se sont endormis. Je n'ai même pas eu droit à la commisération de Joe. « Qui peut avoir l'idée d'emmener au concert des enfants de dix ans ? » m'a-t-il raillé gentiment. L'arrivée d'Ashley m'a permis de partager mon goût des arts avec un enfant.

Elle m'a également permis de revivre avec elle la relation que j'avais eue avec mon père. Impossible de douter qu'elle fût ma fille, elle mettait ma patience à rude épreuve tout comme je l'avais fait avec mon père, si bien que nous passions notre temps à nous disputer. Il suffisait qu'elle enfile une robe un peu trop légère pour que je l'envoie se changer : « Pas question de porter une telle tenue à l'école ! » Elle redescendait de sa chambre quelques minutes plus tard avec une autre robe, mais elle emportait la première en classe et se changeait dès qu'elle arrivait au collège.

Joe évoque souvent l'histoire des bandeaux à cheveux. À l'époque où c'était la mode, dans les années 1980, j'en avais toute une collection dans ma salle de bains. Toutes les couleurs de l'arc-en-ciel y passaient, avec des nœuds, sans nœud, à motif écossais ou vichy. Ashley n'hésitait pas à se servir, sans me demander la permission. « Je me levais le matin, raconte volontiers Joe, et je les entendais se battre : "C'est *mon* bandeau ! — Pas du tout, c'est le *mien* !" » Sans être totalement d'accord avec sa version des faits, je dois bien reconnaître que la disparition régulière de mes bandeaux m'agaçait beaucoup.

À l'époque où ma fille était adolescente, je gardais constamment une paire de chaussures de sport dans l'entrée. Chaque fois que nous nous accrochions toutes les deux, j'enfilais mes baskets et j'allais courir pour me calmer. Nos disputes étaient si fréquentes que j'ai fini par devenir championne de marathon. Joe avait une relation très différente avec Ashley; il était fou d'elle et leurs personnalités s'accordaient mieux. Peut-être est-ce le lot d'une mère avec sa fille, mais j'avais du mal à m'y reconnaître dans la mesure où ma relation avec ma propre mère était si différente.

Je le disais fréquemment à Ashley:

— Crois-moi, le jour où tu auras un enfant, j'espère que ce sera une fille, de sorte que tu puisses comprendre ce que tu m'as fait subir.

Cette situation m'a poussée à voir mon père sous un angle nouveau. Ma fille venait clairement le venger. Têtue et dotée d'un caractère affirmé, Ashley rentrait bien après l'heure que nous lui avions fixée, ou alors elle séchait les cours. Elle se montrait aussi rebelle que moi, mais elle n'a jamais connu d'ennuis sérieux. J'avais beau essayer d'imiter l'exemple de ma mère en invoquant le calme et la raison, je finissais le plus souvent par adopter l'attitude intransigeante de mon père.

Mon rapport avec Ashley était différent de celui que j'avais avec les garçons, mais rien de plus. Je me reconnaissais en Beau et Hunter, ma relation avec chacun d'eux était unique.

Beau avait hérité de mon sens de l'humour. Chaque fois qu'il bégayait: «Mom, Mom, Mom!», je pouvais être certaine qu'il allait dire quelque chose de drôle. Lui et moi étions les seuls capables de nous en prendre à Joe, et il était ravi chaque fois que je faisais à son père des reproches que personne d'autre n'aurait osé lui adresser. Ma complicité avec Beau allait au-delà de nos traits communs. Avec ses yeux bleus et ses cheveux blonds, tout le monde trouvait qu'il me ressemblait. «Tu tiens de ta mère», nous disaient souvent les inconnus qui nous voyaient ensemble. Nous

nous contentions de sourire en échangeant un regard discret, sans chercher à les détromper.

Hunt était mon alter ego en matière d'études et de littérature. Il adore lire et se passionne pour la poésie, tout comme sa mère prof d'anglais. C'est lui que j'appelle quand j'ai terminé un livre qui m'a bouleversée, ou bien lorsque je suis en quête d'un conseil de lecture. C'est un garçon perspicace et plein de sagesse qui me fait voir la vie sous un angle différent. Et bien qu'il soit le plus courageux de mes enfants, j'éprouve le besoin de le protéger davantage que les autres car il partage ma pudeur et ma fragilité émotionnelle. Nous n'avons pas le sens politique des autres membres de la famille, mais nous savons mettre nos qualités au service de nos convictions. Hunt m'a accompagnée à La Nouvelle-Orléans après le passage de l'ouragan Katrina, nous avons également visité ensemble le bidonville de Kibera au Kenya. Tout comme moi, il est incapable de voir souffrir autrui sans éprouver le besoin de s'engager. Il trouve toujours le moyen d'aider les autres lorsqu'ils souffrent.

Indépendamment de toute considération biologique, je me retrouve dans tous mes enfants, et ils se retrouvent en moi. Je les ai tous aimés de façon différente, parfois inégale. Mon amour pour eux fluctue au gré de leurs besoins, mais au bout du compte, sans être identique, il a la même force pour chacun.

Du moins est-ce l'espoir que j'entretiens. J'ai tout lieu de croire que cette stratégie a payé. Hunter a calmé un jour mes angoisses en me disant :

— Tu sais, Mom, je n'ai jamais douté que tu nous aimes autant qu'Ashley.

Lorsque je lui ai demandé de s'expliquer, il a poursuivi :

— Je le sais, parce que tu criais sur elle autant que sur nous.

9

TROUVER MA VOIX

Je n'ai pas trouvé facilement ma place en tant que « conjointe d'un homme politique ». Ma nature introvertie me poussait à me mettre en retrait. Les rassemblements auxquels nous nous rendions ensemble ressemblaient furieusement à ce premier pique-nique auquel il m'avait emmenée. Joe est comme un poisson dans l'eau en pareil cas. Il parle à tout le monde, écoute les histoires de chacun, se montre capable d'établir un lien avec de parfaits inconnus. Comme il est spirituel et grégaire de nature, j'ai toujours pris le plus grand plaisir à le voir rayonner chaque fois qu'il avait l'occasion d'aborder un sujet qui lui tenait à cœur, ou d'écouter les arguments d'un opposant. À l'inverse, mon caractère nettement plus réservé m'empêchait de m'ouvrir davantage aux gens que je ne connaissais pas. C'est le sort de toute personne introvertie mariée à quelqu'un d'extraverti, mais l'effet s'en trouvait décuplé par la position de Joe.

Il arrivait souvent que l'on prenne ma timidité pour du snobisme. Tous ceux qui étaient intimidés à l'idée de me rencontrer avaient du mal à imaginer que je sois aussi intimidée qu'eux. Ils me voyaient sans doute sous les traits d'une femme de sénateur policée menant une vie tracée au cordeau. J'étais jeune, avec de beaux enfants, au bras d'un mari que l'on m'enviait. Il est indéniable que nous formions un tableau idyllique, mais j'étais en vérité nettement moins sûre de moi que je n'en avais l'air. Il m'arrivait, comme tout le monde, de feuilleter les magazines féminins à la recherche d'un régime ou de conseils de maquillage. Je me demandais comme tout le monde si j'étais suffisamment jolie, si j'avais réussi dans la vie, si j'étais une bonne mère. Il m'arrivait de ne pas me sentir à la hauteur, un sentiment partagé par beaucoup de femmes.

Après avoir assisté à diverses réceptions en qualité d'épouse du sénateur Biden, il est devenu clair que mes limites dans le domaine relationnel constituaient un handicap. J'allais devoir apprendre à me montrer plus chaleureuse en public. J'ai commencé par me forcer à entamer la conversation avec de parfaits étrangers. Cela m'était plus facile dans les zones rurales avec les femmes plus âgées qui assistaient aux meetings de Joe, et nettement plus ardu avec l'élite locale et le personnel politique de Wilmington. Peu à peu, j'ai néanmoins surmonté mes réticences.

Au moment où je commençais à trouver mon rythme de croisière, Joe a fait monter les enchères. On l'avait convié à prononcer un discours lors du Belle-Everett Dinner, un événement organisé chaque année dans le comté de Kent afin de lever des fonds. Le hasard de son agenda a voulu qu'il ne soit pas libre ce soir-là et il m'a demandé de prendre sa place.

Il était hors de question pour moi de prononcer un discours, où que ce soit et à quelque occasion que ce soit. L'idée même de monter à la tribune me rendait malade. Même si l'assistance était acquise à notre cause, je ne me voyais pas m'adresser à plusieurs centaines de personnes, debout sur une estrade. Je faisais certes cours à mes étudiants quotidiennement (j'avais repris mon travail de prof à cette époque), mais dans le contexte familier d'une salle de classe. Les élèves me respectaient et, surtout, je connaissais mon sujet. Un dîner officiel en faveur d'un parti politique était d'une tout autre nature.

Pire encore, ces gens n'avaient jamais demandé à me voir. Ils avaient invité Joe, dont tout le monde dans le Delaware connaissait les qualités d'orateur. J'ai lu et relu, dans la voiture qui me conduisait dans le comté de Kent, le discours qu'avait rédigé à mon intention l'un des assistants de Joe. Je ne sais pas si c'était le trac ou le fait de lire en voiture, mais j'avais une furieuse envie de vomir lorsque je suis arrivée à destination en compagnie de Val.

Cette dernière, qui me servait de mentor, a tenté de me remonter le moral sur le parking. J'aurais tout donné pour avoir son assurance et son enthousiasme. « Tu verras, Jill. Tu t'en tireras très bien ! » a-t-elle dit pour me rassurer. La soirée passée, j'ai gardé le souvenir d'une silhouette tremblante, les yeux rivés sur des feuilles qu'elle lisait d'une voix à peine audible. La volonté seule m'a permis d'aller jusqu'au bout, parce que je n'avais pas le choix, mais je n'ai pas manqué de dire à Joe que c'était mon premier et dernier discours. Je préférais de loin faire cours à des lycéens.

Et j'ai tenu parole. Il aura fallu attendre 1987, alors que Joe se lançait dans sa première campagne présidentielle, pour renouer avec une tribune. Joe était pris par l'un des moments les plus forts de sa carrière, l'audition par le Sénat du candidat à la Cour suprême Robert Bork, ce qui l'empêchait de multiplier les déplacements. Dans l'incapacité d'écumer l'Iowa et le New Hampshire, il m'a demandé de le représenter.

Dans un couple épanoui, il est nécessaire de trouver un équilibre entre la fidélité à soi-même et l'épanouissement personnel. Il existe une différence fondamentale entre signifier à son conjoint que l'on n'est pas une femme de ménage d'exception, et s'en servir comme prétexte pour ne jamais faire la vaisselle. On est capable de changer pour l'autre. On s'efforce de mériter son amour, au même titre qu'il essaye de mériter le nôtre. Un mariage heureux incite non pas à se métamorphoser en quelqu'un d'autre, mais à s'améliorer.

Joe a toujours su voir en moi une force que je ne me reconnais pas toujours. Il était conscient que mes difficultés à parler en public étaient liées à mon sentiment d'insécurité. Il savait aussi que j'avais suffisamment de ressources pour relever le défi. C'est la raison pour laquelle il m'a demandé de partir en campagne cette année-là.

— Jilly, j'ai besoin de toi, a-t-il déclaré, et je sais que tu peux y arriver.

J'étais sur les nerfs chaque fois qu'il me fallait monter à la tribune, mais j'ai fini par m'apercevoir que m'exprimer en public n'était pas aussi éprouvant lorsque la décision m'appartenait. Convaincue que Joe était le meilleur candidat, j'étais capable d'évoquer son parcours avec passion et de convaincre le public qu'il était taillé pour cette fonction. À compter du moment où l'occasion m'était donnée de partager ma vision, ce n'était plus une obligation pour moi de m'adresser à ces gens, mais un privilège.

Des années plus tard, c'est moi qui l'ai mis face à ses responsabilités. En 2008, Joe avait peu de raisons de vouloir se présenter à la présidence, et il temporisait. Chaque fois que la question s'était posée lors des échéances précédentes, nous n'étions pas prêts, mais au terme de huit années de présidence de George W. Bush et alors que deux guerres pesaient sur la tête du peuple américain, j'avais une certitude : Joe devait se présenter. Nous avons réuni un conseil de famille, et je lui ai dit à cette occasion qu'il était prêt, que nous étions prêts, et qu'il n'avait pas le droit de dire non.

Lorsqu'il a annoncé sa candidature cette année-là, la famille tout entière est passée à l'action, conformément au fonctionnement du clan Biden depuis que Val avait relevé le défi lors de la première campagne sénatoriale de son frère. Dès leur plus tendre enfance, les garçons et Ashley avaient fait campagne aux côtés de leur père. Ils nous accompagnaient partout : à la foire-exposition annuelle de l'État, aux pique-niques, aux petits déjeuners et aux défilés. Beau, qui adorait ces moments, ne manquait jamais une occasion de tendre ses petites mains aux électeurs dont il croisait la route, ce qui m'a fait dire très tôt qu'il marcherait dans les pas de son père. Hunter et Ashley étaient également heureux en pareille situation, très fiers de leur père, tout disposés à prendre part à la campagne en cas de besoin.

Lors des campagnes précédentes de Joe, je serrais des mains pendant les réunions et dans les maisons de retraite, ou alors je répondais aux questions individuelles, mais je n'avais pas une âme de militante. Tout a changé en 2008, surtout lorsque Barack Obama a choisi Joe comme colistier.

Du jour au lendemain, Beau, Hunter, Ashley et moi avons chacun voyagé à travers le pays pour nous montrer et prononcer des discours. Jamais je n'avais été confrontée à autant de gens en même temps, j'affrontais parfois des milliers de personnes, y compris dans des stades, et j'ai dû m'y habituer très vite. Ce genre d'exercice ne m'était toujours pas naturel, j'avais le plus grand mal à adopter l'attitude décontractée qu'attendait le public de ces meetings. Un journaliste en a même fait la remarque dans un reportage, écrivant que je n'étais « pas un animal politique bien rodé » avant de préciser que je lisais studieusement le texte de mes interventions. Cela ne m'a pas découragée. Je me suis entraînée et j'ai suivi les recommandations d'un coach. Je ne me suis jamais totalement habituée à ces prestations en public, mais j'ai fini par les accepter pour ce qu'elles étaient : l'occasion de faire entendre ma voix.

Au lendemain de la victoire de Barack et Joe, j'ai su que les quatre années suivantes (voire huit, ainsi que nous l'espérions) passeraient comme le vent. Cette période m'offrirait la possibilité de devenir le porte-voix de tous ceux qui n'avaient guère l'occasion d'être entendus, qu'il s'agisse des familles de militaires ou des étudiants des *community colleges*[1]. Dès le premier jour, il ne faisait aucun doute à mes yeux que je disposais désormais d'un moyen d'expression exceptionnel et que je ne devais pas laisser passer une telle opportunité. J'avais fait d'immenses progrès depuis mon intervention timide lors du dîner Belle-Everett.

*

Le mariage, à l'image de tout ce qui compte dans l'existence, connaît plusieurs saisons. « Il y a un temps pour tout sous les cieux », nous dit l'Ecclésiaste. Au début

1. Ces établissements universitaires, considérés à tort comme les universités du pauvre du fait de leurs frais de scolarité peu élevés, sont nés il y a un siècle pour démocratiser les études supérieures. En deux ans, ils préparent aussi bien à l'entrée dans le monde professionnel qu'au transfert vers les universités les plus prestigieuses.

de notre mariage, je me suis épanouie dans mon rôle de mère avec les garçons, et j'ai continué à la naissance d'Ashley. Et puis le vent a tourné. En tant que mère, je m'apercevais que je vivais essentiellement pour les autres en me consacrant prioritairement à leurs besoins. Ma mère n'a pas agi autrement tout au long de sa vie. De nombreuses femmes (et cela vaut aussi pour un grand nombre d'hommes) y trouvent leur compte. Rester à la maison et élever ses enfants à temps plein, avec tout ce que cela implique de merveilleux et de banal, est l'une des missions les plus gratifiantes au monde, mais c'est aussi une tâche difficile qui ne convient pas forcément à tout le monde sur le long terme. À force d'enchaîner les lessives et de prévoir les repas, j'ai fini par avoir la nostalgie de mon travail d'enseignante.

Occuper un emploi à plein temps n'était pourtant pas la voie la plus évidente pour une mère de trois enfants et épouse de sénateur. Si l'on ajoute à cette charge de mère de famille des cours du soir et la préparation d'un master, on comprendra sans mal que la barque était chargée. Nous nous sommes fait aider, bien sûr. Notamment par Helen, une femme formidable qui gardait Ashley. Un autre que Joe m'aurait poussée à renoncer à ma carrière, mais je ne pouvais me résoudre à être uniquement sa femme. J'avais toujours désiré travailler et, sans regretter un instant d'avoir consacré du temps aux enfants, j'entendais renouer avec ce projet. J'avais des rêves et des ambitions, et loin de m'aimer en dépit de ce trait de caractère, Joe m'aimait précisément pour cette raison.

Ruth Bader Ginsburg a déclaré un jour dans une interview : « On ne peut pas tout avoir en même temps. Qui pourrait prétendre le contraire, homme ou femme ? La vie m'a permis de tout avoir, mais j'ai connu des périodes difficiles. Si votre conjoint s'intéresse sincèrement à vous, il vous aide lorsque vous en avez besoin. » Je savais, tout comme Joe, que je ne serais jamais une épouse et une mère épanouie si je ne suivais pas ma propre voie. En conséquence de quoi j'ai repris l'enseignement quand Ashley avait deux ans.

J'ai trop souvent entendu des gens parler des enseignants en des termes très éloignés de la réalité de terrain telle que je la connais. Ils vous diront que c'est un métier conçu pour des gens sans ambition, que l'enseignement ne nécessite aucune compétence particulière, que les profs ont des horaires allégés et de longues vacances d'été. Pour avoir enseigné dans des contextes très différents, je peux dire que l'enseignement est un métier gratifiant, mais que c'est aussi un défi prenant.

J'ai entamé ma carrière en enseignant l'anglais à des élèves de seconde et de première avant d'arrêter pour m'occuper des garçons lorsque j'ai épousé Joe. Lorsque j'ai renoué avec mon métier, j'ai fait du soutien scolaire, dans un premier temps au lycée Concord de Wilmington puis j'ai été mutée au lycée Claymont.

Plusieurs décennies après la décision *Brown v. Board of Education*[1], le Delaware avait du mal à déségréguer son système scolaire, jusqu'à ce que les élèves de Wilmington obtiennent gain de cause auprès des tribunaux. À la suite de quoi de nombreux élèves noirs, scolarisés jusque-là dans des établissements mal financés, se sont inscrits massivement à Claymont.

La plupart d'entre eux souffraient de lacunes importantes, mon travail consistait à les aider à rattraper ce

1. Cette décision de la Cour suprême, prononcée en mai 1954, actait la déségrégation raciale au sein de l'école publique aux États-Unis, ouvrant la voie à la déségrégation de toute la société.

retard au niveau de la lecture. Cette expérience m'a montré à quel point il est difficile de rattraper le temps perdu au début de la scolarité. Toutes les recherches le montrent, les premières années d'école sont les fondations de toute notre éducation. Parce que beaucoup d'entre eux avaient connu des difficultés dans les petites classes, mes élèves souffraient de handicaps difficiles à surmonter.

J'ai travaillé à Claymont jusqu'à la naissance d'Ashley en 1981. Puis, après un nouveau break de deux ans pour m'occuper d'elle, j'ai enseigné dans un hôpital psychiatrique, l'un des postes les plus difficiles de toute ma carrière.

Au départ, j'avais de quinze à vingt élèves, pour la plupart des adolescents suicidaires, mais aussi des anorexiques et des drogués. Certains se scarifiaient, un trouble dont je n'avais jamais entendu parler. Beaucoup souffraient de dépression et de crises d'angoisse, d'autres étaient hébétés par leur traitement médicamenteux. Lorsqu'un élève faisait une crise, on l'enfermait dans une cellule capitonnée pour le calmer. La souffrance de tous ces jeunes était terrible.

Je leur enseignais l'histoire et l'anglais, tandis qu'une collègue leur donnait des cours de maths et de science. Nous nous efforcions de leur offrir l'éducation la plus normale possible. J'étais en lien avec leurs enseignants, ce qui me permettait de connaître leur niveau et de m'occuper individuellement de chacun, en plus du travail en groupe. Ces ados se trouvaient dans une telle détresse que j'aurais aimé pouvoir les aider davantage. Cela ne m'empêchait pas, lorsque je rentrais épuisée le soir à la maison, de penser que mes efforts n'avaient pas été vains. Pour certains d'entre eux, en tout cas. Je ne l'oublierai jamais, j'ai croisé l'une de mes élèves devant l'hôpital quelques mois après avoir quitté ce poste. Elle était au milieu d'un groupe d'amis, je ne lui ai pas dit bonjour pour lui éviter d'avoir à expliquer à ses camarades comment elle me connaissait, mais la voir rire avec eux m'a fait du bien. Au terme d'une convalescence aussi pénible, j'étais heureuse de voir qu'elle se comportait normalement.

L'enseignement est une discipline essentiellement optimiste. Nous prenons le meilleur de ce que peut donner l'humanité – un trésor de connaissances, de sagesse, de savoir-faire, de sens artistique – et nous le transmettons à la génération suivante en espérant qu'elle fera fructifier cet acquis. L'enseignement est une conversation entre qui nous sommes et qui nous allons devenir, une façon de dire : « Regardez ce que nous avons fait ! Qu'en ferez-vous à votre tour ? »

C'est parfois une tâche dévorante. Nous passons tout notre temps libre à préparer les cours et faire des recherches. Il faut constamment se tenir au courant des dernières découvertes sur le développement du cerveau et les techniques pédagogiques. Lorsque j'étais en poste à l'hôpital, c'était la première fois que je faisais cours à des classes entièrement constituées d'élèves souffrant de troubles mentaux, mais j'avais déjà eu l'occasion d'aider des ados souffrant de troubles de l'alimentation, d'angoisse et de dépression, ou encore de tendances suicidaires. Un enseignant est tout à la fois un conseiller, un travailleur social, un médiateur et un parent. Plus d'un de mes collègues paie de ses propres deniers le matériel scolaire dont ont besoin ses élèves. En fait, les disciplines que nous enseignons ne représentent qu'une petite partie de notre travail.

Beaucoup d'entre nous ne restent jamais loin de la salle de classe. Vous êtes en train de préparer à manger, de faire vos courses ou de regarder une émission à la télévision, et une partie de vous continue de penser aux élèves. Ils ne vous quittent jamais.

Mais alors, pourquoi choisir une telle vocation ? Pour l'étincelle qui brille dans les yeux d'une élève lorsqu'elle comprend une idée. Pour l'instant où un étudiant prend conscience de ses capacités. Pour le plaisir de leur tenir la main lorsqu'ils explorent les richesses du monde grâce aux manuels, aux équations, aux récits historiques. Tout simplement par amour de ce métier.

J'ai toujours aimé enseigner.

La classe est une véritable communauté. Nous passons tant de temps ensemble que nous finissons par avoir nos propres plaisanteries, nos rivalités, nos obligations réciproques. Jusqu'à la confiance, idéalement. En début de semestre, mes élèves sont souvent timides et renfermés. Avec le temps, ils finissent par s'ouvrir. Ils expriment leurs peurs, leurs combats et leurs joies. Ils acceptent de devenir vulnérables, de tendre la main à quiconque en a besoin. C'est particulièrement vrai dans les *community colleges*, où l'on enseigne à des étudiants habitués aux difficultés de la vie. Les voir changer et s'épanouir me ramène à ma propre capacité à m'améliorer. Ils me rappellent à chaque instant que tout le monde a besoin d'être aidé.

Un après-midi au Northern Virginia Community College, j'ai expliqué à mes étudiants que des obligations personnelles m'empêcheraient de donner le cours suivant. Nous n'étions plus en début d'année, de sorte que la parole circulait plus librement et tous m'ont posé la question :

— Vous allez où, madame B. ?

Je leur ai expliqué que ma sœur Jan devait subir une greffe de cellules souches.

— Il s'agit du début du traitement, elle va devoir rester confinée dans une chambre d'hôpital pendant six semaines.

Nous avions mis au point un planning avec mes sœurs de sorte qu'elle ne soit jamais seule. En tant qu'aînée, je tenais à me montrer rassurante, expliquant à Bonny, Kelly et Kim que tout allait bien se passer. Mais face aux étudiants, j'ai brusquement perdu pied. Les mots se sont coincés dans ma gorge.

— Je... j'ai besoin d'être auprès d'elle.

Je m'affairais au tableau pour qu'ils ne voient pas mes larmes, et lorsque je me suis retournée, ils s'étaient tous levés pour venir me prendre dans leurs bras l'un après l'autre. J'ai compris à cet instant précis combien j'avais besoin d'eux. En les serrant contre moi, j'ai compris qu'ils faisaient partie de ma famille, eux aussi.

*

Plusieurs fois dans la vie j'ai éprouvé la sensation que le destin m'envoyait un message crucial. L'espace d'un instant, tout me paraissait clair et je savais précisément comment réagir. Ce phénomène s'est notamment présenté dans des circonstances graves, comme le jour où j'ai décidé d'accepter la cinquième demande en mariage de Joe. À l'inverse, je n'ai rien vu venir le jour de 1993 où l'une de mes amies m'a téléphoné pour me parler de Delaware Tech.

Elle avait quitté quelques semaines plus tôt le lycée Brandywine où nous étions collègues depuis que j'avais quitté mon poste à l'hôpital psychiatrique.

— Tu devrais passer me voir à Delaware Tech, Jill. Je suis sûre que ça te plairait beaucoup.

J'avais des doutes. Je me sentais bien à Brandywine et l'idée de quitter l'univers adolescent du lycée pour enseigner à des adultes me faisait peur. D'un autre côté, ne plus avoir à surveiller la cantine n'était pas pour me déplaire et j'ai fini par suivre le conseil de mon amie. Elle m'a fait visiter le campus de Del Tech, m'a présenté le doyen, et j'ai fini par y accepter un poste.

Le déclic s'est produit dès mes débuts à Del Tech. J'admirais mes étudiants pour leur courage et leur détermination. Les parents de certains d'entre eux n'avaient jamais osé rêver qu'un de leurs enfants puisse se lancer dans des études universitaires. D'autres de mes élèves étaient en quête d'une seconde chance après avoir commis une erreur quelconque ou abandonné leur cursus précédent. D'autres encore, plus âgés, travaillaient depuis plusieurs années avec l'intention d'économiser assez d'argent pour réaliser leur rêve d'obtenir un diplôme qui leur ouvrirait les portes d'un avenir meilleur.

Enseigner aux étudiants d'un *community college* était radicalement différent de ce que j'avais connu jusque-là. Ma relation avec les étudiants était plus épanouie. Leur expérience de la vie venait enrichir nos discussions lorsque nous parlions de littérature. Ils avaient voyagé, goûté au monde du travail, surmonté des difficultés familiales. Surtout, ils avaient *envie* d'être là, contrairement aux lycéens qui se contentaient d'aller en classe par obligation et n'avaient jamais sauté un repas pour financer leurs études. C'était pour moi un privilège d'accompagner mes étudiants dans ce processus, de leur donner des clés susceptibles de leur ouvrir des perspectives inédites.

Ces étudiants avaient souvent besoin qu'on les aide et qu'on s'intéresse davantage à eux, mais je me sentais récompensée de mes efforts car je savais que je contribuais à changer leur vie. Je savais que tous ne mangeaient pas à leur faim, que certains étaient obligés d'accumuler les petits boulots, en plus de leurs études, et j'ai pris l'habitude d'apporter des barres diététiques en cours pour ceux qui en avaient besoin. J'avais placé une boîte à l'entrée de la classe afin que ceux qui en avaient les moyens puissent y déposer des bouteilles d'eau, des paquets de nouilles ou des boissons énergétiques à l'intention de leurs condisciples. Mes étudiants étaient capables de s'entraider car la plupart d'entre eux savaient ce qu'il en coûtait d'avoir du mal à joindre les deux bouts.

Les défis que devaient affronter mes étudiants étaient différents des miens à bien des égards. Comment se rendre d'une extrémité à l'autre de la ville sans voiture ? Comment choisir entre régler sa facture d'électricité et s'acheter un manuel ? D'un autre côté, nous avions de nombreux points communs. Je savais ce qu'il en coûtait de jongler entre mes enfants, mon travail et les cours du soir. Je savais combien il était perturbant d'être la plus âgée de ma promotion, d'avoir constamment le sentiment d'être à la traîne. Je savais à quel point la perspective lointaine d'obtenir un diplôme pouvait se révéler frustrante. Il m'a fallu quinze ans pour soutenir ma thèse, de sorte que je me reconnaissais dans mes étudiants. Très vite, j'ai su que j'enseignerais dans un *community college* jusqu'à ma retraite.

Cela fait maintenant un quart de siècle que j'enseigne à ces étudiants : quinze ans à Del Tech, et dix ans au Northern Virginia Community College. Lorsque Barack et Joe ont remporté l'élection de 2008, je travaillais encore à Del Tech et tout le monde a pensé que j'arrêterais l'enseignement afin de me consacrer à mon statut de Deuxième Dame. Non seulement j'ai poursuivi ma carrière, mais j'ai été recrutée peu après par le doyen du

NOVA, Jimmie McClellan. Il m'envoyait régulièrement des courriels amusants dans lesquels il disait essentiellement : « Hello ! Vous ne me connaissez pas, mais je suis persuadé que vous adoreriez mon établissement. Nous serions très heureux de vous y accueillir. »

Je me doutais alors qu'en qualité de Deuxième Dame, je me retrouverais aspirée par la sphère politique. Cela ne me dérangeait pas, mais je savais que je ne serais pas heureuse si ce rôle monopolisait mon attention, comme à l'époque où j'avais cessé de travailler pour m'occuper des enfants. Le métier d'enseignante est ma boussole personnelle, il m'entraîne invariablement dans la bonne direction. Restait à savoir si je serais en mesure de poursuivre ma carrière alors que Joe devenait vice-président.

Cathy Russell, une amie proche qui est également ma cheffe de cabinet, pensait que c'était impossible.

— Tu es folle, Jill ? m'a-t-elle déclaré au lendemain de l'élection. Tu ne pourras jamais, ton rôle est bien trop prenant.

Lorsque je lui ai répondu que je ne serais jamais heureuse si je devais cesser d'enseigner, elle a voulu me convaincre de changer d'avis avant de comprendre que c'était inutile. Nous avons donc pris rendez-vous avec le doyen McClellan. En arrivant sur le campus du NOVA, j'ai su que j'avais raison. « Tu sais, Cathy, ma décision est prise », lui ai-je annoncé, et j'ai entamé les cours fin janvier, une fois passée l'inauguration.

Les agents des Services secrets ont été contraints de s'adapter. Au départ, ils voulaient être présents dans la salle lorsque je faisais cours, mais je les voyais mal s'asseoir au premier rang. Les étudiants auraient été intimidés. Non seulement je souhaitais leur éviter la présence des Services secrets, mais j'aurais même voulu qu'ils ne se doutent de rien. Aussi étrange que cela puisse paraître, beaucoup ne savaient pas que j'étais la femme du vice-président.

Les agents attachés à ma protection se sont fait passer pour des étudiants, à ceci près que leurs sacs à dos ne renfermaient pas des manuels, mais leur « matériel ». Comme l'âge moyen des étudiants du NOVA est vingt-huit ans, la présence de ces agents ne se remarquait guère. Pendant les cours, ils patientaient dans un espace proche de ma salle de classe en compagnie d'étudiants occupés à étudier et lire, et leur présence passait inaperçue. La discrétion dont ils faisaient preuve tout en assurant ma protection était remarquable.

Il avait été décidé en amont que le mot *Enseignante* figurerait sur les emplois du temps des étudiants, en lieu et place de *Professeur Biden*. Le jour de la rentrée, je me suis contentée d'écrire mon nom au tableau et j'ai demandé aux étudiants de m'appeler Professeur B. La grande majorité des étudiants étant originaires de pays étrangers, l'anglais n'est pas la langue maternelle de nombre d'entre eux et rares étaient ceux qui faisaient le rapprochement entre mon patronyme et celui du vice-président.

Il arrivait pourtant régulièrement que l'un ou l'autre découvre le pot aux roses. Lorsqu'une étudiante levait la main en cours et me demandait si elle pouvait me poser une question personnelle, je répondais par la négative avant de passer à la suite. L'une de mes élèves a fait irruption un soir dans mon bureau :

— Professeure B. ! Je vous ai vue hier soir à la télé. J'ai dit à ma mère : « Maman ! Regarde ! Ma prof d'anglais est avec *Michelle Obama* ! »

Comme je me contentais de sourire, elle a enchaîné :

— Ma mère a levé les yeux au ciel et m'a répondu : « Mais enfin ! Ça ne peut pas être ta prof d'anglais. C'est la Deuxième Dame ! »

Depuis le début du trimestre, l'étudiante en question ne savait pas qui j'étais. Lui avouer la vérité m'a fait rire. Elle a mis la main sur sa bouche en écarquillant les yeux puis a ri à son tour.

Un jour, une étudiante d'une soixantaine d'années qui voulait obtenir un diplôme de travailleuse sociale en addictologie est venue me trouver.

— Je sais qui vous êtes, m'a-t-elle glissé à l'oreille. Personne d'autre n'est au courant ici.

Je lui ai lancé un regard en coin avant de chuchoter à mon tour :

— Absolument, et c'est aussi bien comme ça.

*

Le travail est une excellente façon de canaliser nos passions, mais ce n'est pas le seul moyen dont nous disposons pour changer le monde. Le titre ou la fonction ne sont pas tout ; il s'agit parfois de se fier à ses affinités.

La passion de Joe est d'être le porte-parole de tous ceux qui sont marginalisés et privés de leurs droits. Il a passé sa vie à accomplir cette mission. Beau était animé de la même étincelle. C'est ce qui l'a poussé à se lancer dans une carrière politique, avec l'intention avouée de dénoncer la maltraitance faite aux enfants et, plus généralement, les abus de pouvoir.

Ashley a le don d'organiser des événements philanthropiques, ou touchant à la justice sociale. Lorsqu'elle avait six ou sept ans, elle s'est intéressée au sort des dauphins prisonniers des filets lancés par les pêcheurs de thon ; elle est allée trouver son père en lui demandant comment résoudre ce problème. Très vite, on l'a vue arpenter les couloirs du Sénat en conseillant aux collègues de Joe de veiller au bien-être des dauphins.

Par la suite, elle a pris fait et cause pour les enfants malmenés par la justice américaine. Je suis infiniment fière du travail qu'elle a accompli avec l'office de la Justice du Delaware, un organisme qui se bat pour davantage d'équité dans les tribunaux comme en prison.

De son côté, Hunter possède une énergie et une empathie inégalées. À la fin de ses études secondaires, il s'est rendu au Belize sous l'égide du Corps de volontaires jésuites afin de donner des cours aux enfants en difficultés, ce qui lui a permis de prendre conscience de la pauvreté et des inégalités. Il a poursuivi ce travail à l'université, cette fois dans la ville de Portland, en Oregon, en intervenant dans un foyer pour sans-abri.

J'ai longtemps cru que mes compétences se limitaient à l'action que je pouvais mener dans le cadre de mon travail, jusqu'à ce que Joe m'ouvre les yeux, une fois de plus.

Quelques années après la campagne de 1988, une amie très proche a appris qu'elle avait un cancer du sein. Comme nous avions l'une et l'autre la quarantaine, découvrir qu'une personne aussi proche et aussi jeune puisse être touchée par cette maladie a été un choc pour moi. Peu après, une autre amie m'a avoué qu'elle souffrait du même mal, et la série ne s'est pas arrêtée là. En 1993, pas moins de quatre de mes amies étaient atteintes de ce fléau, à des stades divers.

L'idée que le cancer du sein puisse se manifester chez un si grand nombre de femmes jeunes, jusque-là en bonne santé, m'était insupportable. Rendre visite à ces amies ou les conduire à l'hôpital lorsqu'elles avaient rendez-vous avec leur médecin traitant ne me suffisait plus. Un après-midi, je suis allée voir mon amie Winnie chez elle. Anormalement pâle, d'une maigreur effrayante, elle portait un foulard sur la tête afin de dissimuler sa calvitie. Nous avons longuement discuté sur son canapé sous le regard de son infirmière et j'avoue avoir eu du mal à retenir mes larmes. Je n'arrivais pas à croire qu'une femme aussi merveilleuse, mère de trois enfants qui l'adoraient et avaient besoin d'elle, puisse mourir aussi jeune.

En rentrant à la maison ce jour-là, j'ai annoncé à Joe que j'avais l'intention d'agir car ce problème touchait trop de monde. Je n'ai jamais eu une âme de militante, mais la situation était suffisamment douloureuse pour que je me sente pousser des ailes. Comment pouvais-je rester les bras ballants alors que je connaissais autant de monde à Washington, avec un mari qui passait son temps à pourfendre les injustices ? Enfant, on m'avait appris que « celui à qui il est beaucoup donné, on demandera beaucoup ».

— Tu as raison, a reconnu Joe. Mets-toi au travail.

C'est de cette façon qu'est née l'association Biden contre le cancer du sein, la Biden Breast Health Initiative.

Je ne savais pas par où commencer, ni comment m'y prendre. Au vu de ma formation, Joe m'a encouragée à mettre l'accent sur l'éducation. Avec son aide, j'ai invité chez nous des médecins, des infirmières, des spécialistes de santé publique et des patientes atteintes du cancer du sein désormais guéries afin de discuter de l'action à mener. Nous avons décidé de nous adresser en priorité aux lycéennes du Delaware ; il s'agissait de leur apporter des conseils, d'insister sur l'autopalpation et l'hygiène de vie. Très vite, nous avons organisé des visites dans les lycées de l'État. Après m'être initialement appuyée sur Joe, j'ai peu à peu pris mon autonomie, d'autant que cette opération reposait sur l'éducation, mon domaine. Nous avons appris aux jeunes femmes à dépister les tumeurs de façon précoce, en présence de spécialistes capables de répondre à leurs interrogations. Nous avons incité les élèves à transmettre le message à leur entourage, à se faire dépister, à s'alimenter correctement, à ne pas fumer.

Nous avons fait le tour de l'immense majorité des établissements secondaires du Delaware, en dépit de certaines réserves. Au début des années 1990, certains parents étaient choqués que l'on puisse parler de problèmes de seins à l'école, même dans un cadre sanitaire. Dans un lycée de Dover, les élèves ont été contraintes de demander une permission écrite à leurs parents pour avoir le droit d'assister à ce séminaire. J'y ai vu la preuve de l'importance de notre action, ne fût-ce que pour démythifier ce sujet sensible.

En plus de ce projet éducatif, nous avons offert trois bourses de cinq mille dollars chacune (une par comté du Delaware) destinées à des élèves qui se destinaient à une carrière médicale. Ces fonds provenaient d'une opération organisée chaque année par le salon de beauté Chez Nicole à Wilmington. Les employées acceptaient, sans rémunération, de prodiguer des soins aux clientes qui acceptaient de payer cinquante dollars pour une manucure ou une pédicure. Cette opération réunissait systématiquement un grand nombre de femmes qui avaient survécu à un cancer du sein dans une ambiance conviviale, avec un buffet et de la musique. Les femmes qui ont répondu à l'appel étaient si nombreuses que nous avons dû mettre en place une liste d'attente.

Dans son ouvrage *Journal du cancer*, Audre Lorde évoque son expérience et l'ablation du sein qu'elle a subie. Elle a perdu depuis son combat contre la maladie, bien qu'elle soit morte d'un cancer du foie, mais son livre est une réflexion magnifique sur la vie, la peur et la survie. Elle écrit : « Si j'attends le jour où je n'aurai plus peur d'agir, d'écrire, de parler, d'être, je serai obligée d'envoyer des regrets depuis l'au-delà en me servant d'une planche de Ouija. Si j'accepte au contraire d'être forte et de mettre mon énergie au service de ma vision, ma peur n'a plus d'importance. »

*

Nous avons envie de penser que nous sommes immuables, mais nous évoluons à chaque victoire, chaque défaite, chaque pas en avant, chaque cicatrice. En vérité, nous n'avons aucun moyen de savoir ce que nous deviendrons. Il m'arrive de regarder des photos de Jill Jacobs quand elle était jeune et de me demander qui elle était.

La vie nous change. Le seul moyen de préserver qui nous sommes consiste à trouver le moyen de grandir ensemble. Face à la métamorphose de notre être, il nous faut rester fidèles à une notion essentielle : la confiance en l'autre.

Mon expérience de la vie publique est en demi-teinte. Pourtant, les campagnes menées à la tête de la fondation Biden, mon expérience d'enseignante et mon rôle de Deuxième Dame m'ont permis de surmonter mes réticences et de comprendre que ma voix comptait. Grâce à Joe et toute ma famille, j'ai appris à mettre de côté mes pudeurs afin d'oser user de mon pouvoir de conviction.

10

DEVENIR UNE FILLE

— Sortez ! Sortez immédiatement !

Je crie si rarement que le son de ma voix m'a étonnée au moins autant que le prêtre venu administrer l'extrême-onction à mon mari dans sa chambre d'hôpital. Je m'étais absentée une heure afin de m'assurer que les enfants n'avaient besoin de rien pendant que j'attendais les résultats des examens de Joe, et voilà que l'hôpital l'imaginait déjà mort. Je refusais de m'y résoudre. Les garçons ne pouvaient pas perdre leur père après avoir vu disparaître leur mère. Notre petite fille avait trop besoin de ce père qu'elle adorait, et je n'étais pas prête non plus.

En février 1988, je donnais un cours au lycée Claymont lorsqu'on est venu m'annoncer que Joe était malade. À travers la vitre séparant ma classe du couloir, j'ai vu arriver le principal en compagnie de mon amie et collègue Betty Jo. Ils ont ouvert la porte et Betty Jo s'est approchée de moi.

— On vient de recevoir un coup de téléphone, Jill. Il faut que tu rentres chez toi d'urgence.

Comme j'affichais une mine perdue, elle a ajouté :

— C'est au sujet de ton mari. Il lui est arrivé quelque chose.

J'ai regagné notre quartier de Montchan la mort dans l'âme, incapable de comprendre ce qui se passait. Joe était jeune et en parfaite santé. Il se trouvait la veille à Rochester, dans l'État de New York, où il prononçait un discours et se portait comme un charme lorsque je lui avais parlé. Quel drame avait bien pu survenir ?

J'avais la gorge nouée en arrivant dans notre chambre où j'ai trouvé Joe allongé sur le lit. Il était réveillé sans être tout à fait conscient. Il avait le teint gris, comme sur les portraits de famille d'autrefois. Je ne l'avais jamais vu dans cet état et j'ai tout de suite compris qu'il était gravement malade. Je me suis tournée vers son frère Frankie et son assistant parlementaire Tom Lewis.

— Il faut le conduire d'urgence à l'hôpital.

Nous l'avons aidé à monter dans la voiture. Il nous répétait qu'il allait bien, mais c'est tout juste s'il pouvait marcher.

L'hôpital le plus proche était Saint Francis, au cœur de Wilmington. À peine nous arrêtions-nous devant les urgences qu'une nuée de médecins en blouse blanche se précipitaient. Ils ont conduit Joe à l'intérieur du bâtiment où il a été décidé de procéder à un scanner. En attendant le résultat des tests, je suis repartie à la maison m'occuper des enfants. Ashley avait seulement six ans, je ne voulais pas qu'elle ne trouve personne en rentrant de l'école. Beau, qui était en première année d'université, ne vivait plus avec nous, mais Hunt était en terminale et je voulais l'avertir au plus vite.

Le temps de retourner à l'hôpital, j'ai trouvé une infirmière dans le couloir, devant la porte de la chambre de Joe. Elle a levé les yeux de son dossier d'un air distrait et s'est adressée à moi.

— Vous ne pouvez pas entrer, madame Biden. On est en train de lui administrer l'extrême-onction.

Prise de vertige, dopée par la peur et l'adrénaline, je me suis ruée dans la chambre en criant au prêtre de sortir.

J'ai appris plus tard que Joe avait subi une ponction lombaire après son scanner. Le résultat était sans appel : Joe avait du sang au niveau de la moelle épinière.

Il venait d'avoir un anévrisme.

Ce diagnostic établi, mon beau-frère Jimmy s'est mis en quête du meilleur chirurgien possible. On nous a parlé d'un spécialiste au Canada, d'un autre en Virginie et d'un troisième à l'hôpital Walter Reed de Washington. Les médecins nous ont expliqué que tout transport par avion était exclu à cause de la pressurisation à l'intérieur de l'appareil, de sorte que nous avons décidé de le conduire en ambulance à Walter Reed où l'attendait le docteur Gene George.

Des brancardiers ont installé Joe à l'arrière du véhicule dans un silence pesant. L'humour est parfois le seul moyen de gérer l'impensable, ce qui m'a poussée à plaisanter avec Joe en m'installant à côté de lui dans l'ambulance.

— Tu t'es donné bien du mal pour gâcher notre Saint-Valentin.

Nous étions le 12 février, un vendredi, et nous avions prévu de passer le week-end en amoureux. Au lieu de quoi nous roulions à toute allure sur l'I-95, précédés par un véhicule de la police d'État et suivis par une équipe médicale et toute la famille : Val, Jimmy, Mom-Mom et Dada. Il s'est mis à neiger en cours de route et je me suis tournée vers Joe :

— Si jamais tu meurs, je déménage en Caroline du Nord. J'en ai assez de l'hiver.

Joe a trouvé la force de me répondre par un petit rire.

Le docteur nous attendait à notre arrivée à l'hôpital avec de mauvaises nouvelles : il fallait attendre qu'il ait réuni toute une équipe chirurgicale avant d'opérer, or l'anévrisme de Joe saignait et pouvait le tuer à tout instant.

On nous a conduits dans une salle de réunion où nous avons discuté avec anxiété de l'opération et des décisions à prendre par la suite. Pendant que le reste du clan Biden tentait de trouver des solutions, j'ai perdu pied. J'avais l'impression que les murs de la pièce se refermaient sur moi et je me suis excusée. Le temps de dénicher une pièce vide un peu plus loin, je me suis effondrée par terre. J'avais l'impression de me trouver dans l'œil du cyclone et le silence m'a apaisée tout en achevant de me vider. J'ai prié à voix haute.

— Je t'en prie, mon Dieu, laisse-le vivre.

*

Cet anévrisme survenait après une période extrêmement difficile pour Joe. Lorsqu'il s'est lancé dans la course présidentielle en 1987, je ne savais pas quoi en penser. Au départ, il n'était pas tant question d'une campagne présidentielle que d'un galop d'essai afin de sentir le sens du vent. Les réactions du grand public ont été si positives qu'il a décidé de tenter sa chance. À mesure que grandissait l'enthousiasme et que des gens de talent rejoignaient notre équipe, nous étions convaincus que plus rien ne pourrait nous arrêter. En dépit de certaines réserves, j'étais convaincue des chances de Joe.

À l'époque, il jonglait entre deux missions difficiles : sa candidature à la présidence, et la présidence de la commission judiciaire du Sénat qui procédait à l'audition de Robert Bork que le président Reagan souhaitait nommer à la Cour suprême. D'un côté, il proposait sa vision d'une Amérique meilleure aux électeurs des régions qu'il parcourait ; de l'autre, il s'efforçait d'empêcher la nomination d'un juge au sein d'une institution essentielle à la démocratie américaine, une mission qu'il a d'ailleurs menée à bien.

Comme Joe n'était pas en mesure de mener de front ces deux tâches, j'ai sillonné le pays et parlé à sa place des mois durant tout en accueillant à la maison ses équipes de campagne de façon à le soutenir de mon mieux tout en gérant le quotidien. Je continuais d'enseigner, Hunt était en terminale et se préparait à entamer des études supérieures, Beau s'adaptait à sa vie d'étudiant à l'université de Pennsylvanie et notre petite Ashley commençait son parcours scolaire. La période était épuisante, mais je savais que Joe avait les ressources, l'intelligence et l'intégrité nécessaires à un président soucieux de changer le pays.

Joe était connu pour son intégrité depuis ses débuts en politique. Il s'était opposé à de nombreuses reprises aux puissances de l'argent, n'hésitant pas à affronter les membres de son propre parti lorsqu'il estimait que c'était son devoir. Son honnêteté lui avait parfois valu des ennuis pour avoir privilégié la vérité à la langue de bois. Si l'accusation de plagiat dont il a été victime lors de sa campagne présidentielle a été délicate pour lui politiquement, elle a été infiniment plus destructrice sur le plan *personnel*. Joe avait le choix entre contester publiquement cette accusation sous la pression médiatique, au risque de compromettre l'action qu'il menait à la tête de la commission judiciaire sénatoriale, ou bien se retirer de la course à la Maison-Blanche et empêcher le juge Bork d'accéder à la Cour suprême. Il a choisi de renoncer à ses ambitions présidentielles.

Lorsque Joe s'est retiré des primaires en septembre 1987, c'est l'une des très rares fois où j'ai pleuré à chaudes larmes, seule dans ma chambre, la porte soigneusement fermée. Mom-Mom m'a appelée sur ces entrefaites. Elle a décidé de venir immédiatement en constatant mon trouble.

Dans la mesure où notre famille se trouvait constamment sous la loupe des médias, nous avions l'habitude d'être très protecteurs les uns avec les autres. Val en particulier était devenue l'une de mes meilleures amies ; elle savait combien j'aimais Joe, de sorte que je pouvais m'ouvrir à elle de mes frustrations au quotidien.

Comme dans n'importe quelle famille, les relations étaient parfois compliquées au sein de la nôtre. Mom-Mom et moi avions le même souci de Joe et des enfants, mais elle était aussi têtue et résolue que moi, si bien que nous n'étions pas toujours sur la même longueur d'onde. Et si les Biden dans leur ensemble ont toujours fait preuve d'affection et de respect vis-à-vis de moi, mon insécurité personnelle me poussait parfois à penser que j'étais seulement la femme de Joe. J'avais du mal à m'adapter à la devise de ce clan selon laquelle « si l'on a besoin de demander, il est déjà trop tard ». Ma réserve naturelle ne facilitait pas mon intégration au sein d'une famille aussi exubérante.

Lorsque Mom-Mom est arrivée chez nous ce jour-là, j'ai su que j'avais besoin de son aide, en dépit de ma nature indépendante. Je l'ai compris en m'écroulant dans ses bras et en pleurant tout mon soûl.

*

Le médecin nous a expliqué que Joe avait une chance sur deux de mourir pendant l'opération, ajoutant qu'il avait toutes les chances de garder des séquelles sur le plan cérébral s'il en réchappait. La partie du cerveau qui risquait d'être touchée était celle de la parole.

Il a survécu sans aucun dommage, mais nous n'étions pas encore tirés d'affaire. La convalescence a été longue et pénible, il a même fallu l'opérer à plusieurs reprises lorsqu'il a eu un second anévrisme.

Au cours des premiers jours à l'hôpital Walter Reed, la famille tout entière s'est réunie afin de discuter de la situation. Val et Jimmy ont débattu entre eux de la suite : qui contacter, que dire aux assistants parlementaires, quel traitement choisir. L'une et l'autre avaient une idée précise de ce qui était le mieux pour leur frère et entendaient diriger la manœuvre. J'assistais en silence à leurs discussions enflammées, avec l'impression de les observer derrière une glace sans tain. Au moment où ils ont voulu donner leurs instructions aux médecins, je me suis réveillée.

— Attendez une minute ! Joe est encore *mon* mari, c'est à moi de décider.

Tout le monde s'est pétrifié autour de la table, sous le choc.

— Elle a raison, a dit Mom-Mom. C'est à Jill de prendre les décisions.

Avec le recul, son soutien n'aurait pas dû me surprendre. Mom-Mom disait toujours que le couple prenait le pas sur le reste de la famille, mais je ne m'attendais pas à ce qu'elle se range de mon côté, au détriment de ses enfants et, plus encore, d'elle-même.

Ce jour-là, je me suis sentie pleinement Biden en faisant des choix qui nous affecteraient tous.

Bien des années plus tard, lorsque Beau se battait contre le cancer qui l'a emporté, j'ai repensé à la position de Mom-Mom ce jour-là à Walter Reed. Le mal qui rongeait Beau était terrifiant, nous souffrions tous de le voir lutter alors que se succédaient les séances de chimiothérapie et les opérations. Je l'avais soigné tout au long de son enfance en prenant sa température et en lui donnant des médicaments. C'était moi qu'il venait trouver lorsqu'il se cassait le bras ou avait une plaie à la jambe. C'était à moi que les médecins s'adressaient lorsqu'il fallait lui poser des points de suture ou une attelle, lui administrer un antibiotique. Au moment où il affrontait la mort, j'aurais voulu demander à ses médecins ce qu'ils nous conseillaient. Qui aurait su mieux que moi ce dont il avait besoin ? Qui aurait pu prendre de meilleures décisions que la personne qui l'avait vu grandir ?

J'ai pourtant su que ce n'était pas à moi d'intervenir, mais à Hallie, sa femme.

J'ai eu beaucoup de mal à l'accepter, mais c'était ainsi. Le rôle de chacun évolue avec le temps, le renoncement fait partie de la vie.

*

J'ai toujours pensé que Joe avait dû avoir bien du mal à être un père pour ses garçons tout en portant le deuil de Neilia et Naomi. La logique voudrait que les réponses à nos questionnements soient apportées par les parents. C'est à eux qu'il revient de rassurer les leurs, mais comment affirmer à ses enfants que tout finira par s'arranger quand on n'en est pas soi-même certain ? Quand le chagrin et le désarroi occupent toute la place ? J'ai parfois le sentiment d'avoir oublié mon rôle de mère depuis la mort de mon fils. Je m'inquiète de voir mes enfants s'inquiéter pour moi et se montrer forts à ma place. Ce n'est pas dans l'ordre des choses. Comment être là pour les miens alors que je me sens perdue ?

Je n'ai jamais oublié cette phrase d'Hemingway : « Le monde se charge de briser chacun d'entre nous, ce qui nous renforce pour la plupart. » Cette citation me fait penser à Joe.

La vie l'a brisé à de trop nombreuses reprises, mais il a toujours su se relever. Nous sommes tous vulnérables, lui comme les autres, mais il possède une force inouïe. C'est l'une des raisons qui m'ont poussée à l'épouser. Je cherchais un conjoint capable d'accepter les déceptions, les drames et les chagrins. Dieu sait que je ne me doutais pas des gouffres insondables et des sommets glorieux que me réservait l'avenir.

On affirme souvent que les os sortent renforcés d'une fracture, mais j'ai lu récemment qu'il s'agit d'un mythe. Je me suis longtemps rassurée en pensant que nous étions plus forts là où nous avions le plus souffert. L'expérience m'a montré que si le retour à une vie normale est parfois possible avec un minimum de cicatrices, cette guérison ne nous protège en rien des blessures à venir. La perte de Neilia et Naomi n'a en rien protégé Joe de celle de Beau quatre décennies plus tard.

La force que nous acquérons tient sans doute à la conscience que la survie est possible. Que le chagrin n'est pas mortel, qu'il ne nous empêche pas de reprendre le cours de notre existence.

Après tout, qui sait si le rôle d'un parent, au lieu d'apporter des réponses, n'est pas de s'entêter sur le chemin de la vie aux côtés de ses enfants en les aimant le mieux possible ?

La mort de Beau m'a brisée. J'ai le sentiment d'être une tasse de porcelaine réparée avec de la colle. Les fêlures ne se voient guère, mais elles sont bien là. Je m'aperçois chaque jour que je ne suis plus la même. Toutes les mères qui ont perdu un enfant partagent probablement mon sort.

Suis-je capable d'être heureuse ? Absolument. Mais mon bonheur s'est voilé, la vie a perdu de sa magie. On pourrait se dire qu'au terme de tant d'années auprès d'un homme qui a résisté aux assauts du sort, j'aurais appris ma leçon, mais j'attends toujours une guérison dont je crains qu'elle ne survienne jamais. Joe m'affirme le contraire.

Vingt ans après la présidentielle de 1988 et l'anévrisme de Joe, nous avons renoué avec la maladie et les campagnes électorales.

Je ressemble à mon père à bien des égards. J'ai hérité de ses yeux, de sa charpente osseuse, ou encore de son caractère ombrageux auquel j'ai déjà fait allusion. J'aurais de loin préféré tenir de ma mère. Elle avait de grands yeux sombres, des cheveux bouclés auburn qu'elle coiffait à la garçonne. Elle ne se maquillait pas et se moquait de la mode, mais elle était drôle et ne laissait jamais passer une occasion de rire. Chaque année au moment d'Halloween, elle puisait dans son coffre de costumes et nous déguisait, préparait des cocktails, prenait mon père par la main et nous suivait quand nous frappions aux portes des maisons voisines, un martini à la main. Rien ou presque ne la choquait et elle n'avait pas son pareil pour prodiguer de bons conseils.

— Jill, m'a-t-elle déclaré le jour où l'une de mes rivales au lycée m'invitait chez elle de façon suspecte, veille toujours à te battre sur ton propre terrain.

Ma mère était menue, mais elle avait une énergie incroyable en toutes circonstances, même les plus difficiles.

La perdre a été terrible pour moi.

Elle ressentait des douleurs au ventre depuis quelques années lorsqu'on lui a diagnostiqué un cancer. Son médecin lui a expliqué qu'il fallait lui retirer 85 % de l'estomac. Au cours de la semaine qui a suivi l'opération, elle continuait de souffrir. Elle est restée un temps en réanimation avant d'en sortir dans un tel état qu'elle était incapable de s'asseoir dans son lit. J'allais la voir en Pennsylvanie presque tous les jours et, voyant qu'elle s'agrippait au montant du lit sous l'effet de la douleur, j'ai dit à mon père que ce n'était pas normal.

— Je pense comme toi, m'a-t-il répondu.

Je suis allée trouver le médecin en lui demandant de procéder à un nouvel examen, et une nouvelle opération a été programmée afin de voir de quoi il retournait. Il se trouve qu'il avait accidentellement tordu les intestins de ma mère lors de la première intervention, ce qui expliquait ces douleurs insoutenables. Son autre découverte était encore moins agréable : ma mère n'avait jamais eu de cancer. L'erreur de diagnostic était survenue lorsque l'hôpital avait interverti son dossier avec celui d'une autre patiente. L'opération et ses conséquences, tout cela à la suite d'une erreur administrative.

Au lendemain de cet épisode, ma mère n'était plus que l'ombre d'elle-même. Contrainte d'ingérer des repas minuscules, elle a énormément maigri. C'est à peine si je reconnaissais la femme dynamique et drôle que j'avais connue. Son état n'a fait qu'empirer lorsqu'on lui a diagnostiqué un lymphome et qu'elle a subi une chimiothérapie. À mesure qu'elle s'étiolait, la démence sénile a achevé de la priver de sa personnalité.

Sa fin est survenue pendant la campagne présidentielle de 2008. Entre deux meetings, je rentrais dormir à la maison puis partais tôt le lendemain afin de lui rendre visite à Willow Grove. Je restais sur place quelques heures avant de repartir en campagne. Je pensais constamment à elle, prenant de ses nouvelles par téléphone chaque fois que j'en avais la possibilité.

C'était mon tour de materner ma mère, veillant à ce qu'elle porte des chaussettes suffisamment chaudes, m'inquiétant de son confort physique, du passage de l'infirmière.

Il est terrible de voir un être aimé perdre son autonomie. Nous avions toujours envisagé avec Joe d'accueillir nos parents à la maison lorsqu'ils seraient vieux, nous avons eu la chance d'y parvenir. En faisant construire notre maison de Wilmington, nous avions prévu l'ajout au rez-de-chaussée d'une grande chambre capable d'accueillir un lit médicalisé. Dada y a vécu un temps. Après sa mort en 2002, nous avons vendu la maison de Mom-Mom et utilisé l'argent pour transformer notre garage en un logement à son intention.

Lorsque Dada vivait chez nous, à la fin de sa vie, la maison ressemblait à un hospice. Nous nous sommes occupés de lui pendant sept mois. C'était une lourde charge, mais j'avais vu mes parents s'occuper de mes grands-parents et je n'avais pas l'intention de fuir mes responsabilités. La famille est là pour prendre en charge les siens. C'est une charge joyeuse.

Le Noël où Dada vivait à la maison, son état de santé était stable, mais il n'était pas en mesure de se rendre à la messe de minuit, de sorte que Joe et moi sommes restés avec lui pendant que le reste de la famille se rendait à l'église. Ses médecins lui avaient interdit de boire alors qu'il avait toujours aimé son verre de vin quotidien. Conscients que ses jours étaient comptés, nous avons trouvé ridicule de le priver de ce petit plaisir et j'ai ouvert une bonne bouteille que nous avons dégustée tous les trois près du feu afin de célébrer l'esprit de Noël.

S'occuper de nos parents était parfois difficile, mais nous l'avons vécu comme une bénédiction. Changer les perfusions, les aider à s'habiller ou à se rendre aux toilettes, j'étais heureuse de ne pas laisser ces tâches intimes à des étrangers. Nos parents s'étaient occupés de nous autrefois, il était normal que nous leur rendions la pareille.

J'ai moins souffert d'assister à la déchéance physique progressive de ma mère que de perdre ma plus proche confidente, celle qui me remontait le moral. Je n'étais plus en mesure de rire avec elle des anecdotes qui marquaient la campagne de Joe, de me plaindre des broutilles qui m'agaçaient. Je ne pouvais plus lui demander conseil. J'aurais voulu tout lui dire de ma vie, comme je l'avais toujours fait. J'aurais voulu qu'elle reste *elle-même*, mais son esprit s'était envolé. Je devais me contenter de lui parler doucement et de l'embrasser sur le front, de lui tenir la main en lui faisant la lecture.

J'ai souvent rendu visite à ma mère à Willow Grove au cours des jours qui ont précédé le week-end de sa mort, mais il me fallait retourner chaque soir à Wilmington car Beau était à la veille de s'envoler pour l'Irak. Il avait intégré la Garde nationale en 2003 sans penser un jour être amené à se battre au Moyen-Orient lorsque son unité, la 261ᵉ, a été mobilisée. Il occupait le poste de procureur général du Delaware à l'époque, de sorte qu'il aurait sans doute pu obtenir une exemption, mais il s'y est refusé catégoriquement.

Prise entre deux réalités douloureuses, la perte de ma mère et le départ de mon fils à la guerre, j'ai eu recours à la seule passion qui me permettait de tenir : la course à pied. Je courais de nombreux kilomètres chaque semaine en mangeant très peu, par manque d'appétit, si bien que j'ai perdu cinq kilos en quelques mois, ce qui était beaucoup pour moi. Mon entourage était inquiet et j'avais beau avoir besoin de forces, je ne pouvais rien avaler. Ashley a tenté de me materner en me poussant à manger.

— Maman, tu sais qu'il ne me viendrait pas à l'idée de te mentir. On a peur que tu sois malade.

J'étais en train de courir dans la forêt de Brandywine lorsqu'un véhicule des Services secrets s'est arrêté à côté de moi. L'un de ses occupants a baissé sa vitre.

— L'état de votre mère a brusquement empiré. Vous devriez passer un coup de téléphone chez vous.

Tout au long de cette période, les hommes et les femmes des Services secrets m'avaient servi d'anges gardiens en me véhiculant de jour comme de nuit avec une gentillesse extrême et une discrétion salutaire. En me dirigeant vers la maison de mon enfance à Willow Grove ce jour-là, j'ai prié le ciel que ma mère ne meure pas avant mon arrivée.

Nous avons rejoint la chambre de ma mère avec mes sœurs et nous l'avons serrée dans nos bras. Nous lui parlions, nous lui racontions des souvenirs d'enfance, entre rires et larmes. Elle n'était plus vraiment consciente, mais je suis convaincue qu'elle sentait notre présence et notre amour. Nous n'avons pas dormi cette nuit-là, nous sommes restées jusqu'à ce qu'elle laisse échapper son dernier souffle le lendemain matin. Une expérience épuisante émotionnellement, physiquement et spirituellement. Elle était partie alors que j'avais toujours besoin d'elle.

La même semaine, ma mère est morte, mon fils est parti à l'autre bout du monde et mon mari poursuivait sa campagne je ne sais où. Maman m'avait montré combien il était important d'être fort pour son entourage. Comme à chaque fois que je faisais face à une situation difficile, je me suis demandé comment elle aurait agi à ma place. La réponse m'est apparue clairement : j'ai bouclé ma valise, appelé mes équipes et rejoint la campagne.

Tout en m'efforçant de sourire en toute occasion, je me sentais amputée d'une partie de moi-même. Une fois de plus, Mom-Mom a été là pour moi. Elle m'appelait souvent, passait me voir, me faisait comprendre que je n'étais pas seule.

Au cours des années qui ont suivi, chaque fois que j'aurais voulu appeler ma mère pour une raison ou une autre, je téléphonais à Mom-Mom à la place. Je partageais désormais avec elle les secrets destinés à ma mère. Elle m'écoutait, riait et me prodiguait des conseils. Je ne sais pas si elle a eu conscience de son rôle salvateur à cette époque de ma vie. Sans doute. Mom-Mom savait tout, ou presque.

11

LES PETITS MIRACLES

Imaginez l'espace d'un instant que vous travaillez à la Maison-Blanche. Il n'est pas question de compter ses heures, on est au service du président en permanence. Les enjeux sont généralement considérables, qu'il s'agisse d'organiser un dîner d'État, de rédiger un projet de loi, de célébrer un événement clé. Servir un grand pays tel que le nôtre est une fierté et un honneur, mais les journées sont longues et le stress peut altérer votre santé. La Maison-Blanche est un lieu grave peuplé de personnes graves qui prennent des décisions graves.

Ce constat m'a poussée un après-midi, lors de notre premier mandat, à m'autoriser une farce inoffensive à l'occasion d'un déplacement en Californie. Arrivée tôt à l'aéroport de la base d'Andrews après mes cours, une idée m'est venue en montant à bord de l'avion du vice-président, Air Force Two. Les compartiments à bagages étaient petits, mais j'avais la place de m'y dissimuler en me serrant un peu. Je suis montée sur la table avant de me hisser dans le compartiment, heureuse que mes leçons de danse classique finissent par payer. Tom McNulty, l'un de nos aides de camp, m'a servi de complice en m'aidant à m'installer au fond de ma cachette avant de rabaisser le couvercle. Au moment où le premier arrivant a ouvert le compartiment, j'ai sorti la tête en criant : « Bouh ! », entre deux éclats de rire. Le malheureux a poussé un hurlement aigu et est tombé de saisissement sur son siège, visiblement terrifié. Tout le monde a éclaté de rire pendant que je descendais tant bien que mal de mon perchoir. Durant les cinq heures qu'a duré le vol, chacun a fait des gorges chaudes de l'incident en se moquant gentiment de ma victime et en discourant sur l'absurdité de ma farce.

Quand j'étais enfant, ma famille adorait les canulars. Le 1er avril était l'un de nos jours préférés, une habitude qui m'est restée. Je disais aux autres élèves que la classe était annulée à cause de la neige avant de doucher leur enthousiasme en criant : « Poisson d'avril ! » Plus tard, j'ai fait peur à Joe en lui criant que je m'étais cassé la jambe, il est accouru ventre à terre. Le pauvre se souvient rarement qu'on est le 1er avril. Il essaie parfois de me piéger, mais je suis trop méfiante et ça ne marche jamais. Je n'ai personnellement aucun mérite, car j'ai eu la chance d'être initiée aux joies du canular par un maître.

Mon père était connu pour ses farces dans le quartier. Il trouvait invariablement le moyen de nous faire marcher au moment où nous nous y attendions le moins. Une année, il a retardé d'une heure toutes les pendules de la maison et nous avons été en retard toute la journée. Pire, il les a avancées une autre fois d'une heure et le résultat a été encore plus drôle. Un jour, il a tondu la pelouse du voisin à moitié, par bandes. Il avait toujours une idée en réserve pour ses filles, et pas uniquement le 1er avril. Il nous piégeait à longueur d'année. Il ne manquait jamais d'enfoncer son doigt dans le gâteau lors des anniversaires, pour nous embêter. Lorsque l'une d'entre nous avait un nouveau petit copain, papa installait une chaise face au mur de l'entrée et l'obligeait à s'y installer en attendant celle qu'il était passé prendre. Et quand on revenait d'une sortie avec un garçon le soir, il fallait s'attendre au pire. Il suffisait qu'on s'attarde un peu dans l'auto d'un beau garçon en flirtant timidement pour que mon père sorte de la maison en jouant du bugle.

J'ai toujours pensé qu'il fallait savoir profiter de tous les moments de joie qui se présentent. La vie est dure, on risque d'être déçu si l'on attend que le bonheur sonne à notre porte. Pourquoi m'en priver si je fais rire Joe en me cachant sous notre lit avant de sortir de ma cachette quand il éteint la lumière ?

J'adore les surprises, quelles qu'elles soient. Elles contribuent à notre bonheur. En février 2009, alors que l'administration Obama-Biden était en place depuis un mois, j'ai voulu surprendre Joe à l'occasion de la Saint-Valentin. Je me suis rapidement aperçue que ce serait infiniment plus difficile que les années précédentes : mon statut de Deuxième Dame m'empêchait de circuler dans la rue comme je le voulais.

Nous avions récemment déménagé dans la résidence officielle du vice-président à Washington, et je ne m'étais pas encore habituée aux impératifs de ma nouvelle vie. Située sur le site de l'Observatoire naval des États-Unis, cette résidence n'avait rien de commun avec notre maison du Delaware. Le bâtiment était magnifique, mais nous avions l'impression de vivre dans un musée. Comme toutes les familles des vice-présidents précédents, nous avions des aides de camp à notre service, ainsi qu'une équipe d'agents des Services secrets chargés de notre protection en permanence. Aussi serviables soient ces gens, bénéficier d'un entourage aussi fourni n'était pas toujours agréable. Comme il n'était pas envisageable que Joe et moi nous disputions devant ces gens, nous avons imaginé d'autres moyens. Il nous arrivait de nous expliquer par SMS, même lorsque nous étions tous les deux dans la même pièce. Nous avions baptisé ce nouveau mode de communication *fexting*[1].

Du jour au lendemain, je n'étais plus autorisée à conduire ma voiture. Disposer d'un luxueux 4 x 4 et d'un chauffeur peut paraître agréable (et ça l'était !), mais je regrettais d'avoir perdu la liberté de sortir faire des courses quand l'envie m'en prenait. La veille de la Saint-Valentin, par un matin froid, j'ai décidé de parcourir en courant les quatre kilomètres séparant l'Observatoire naval de la Maison-Blanche, suivie par les Services secrets.

Non seulement je n'avais pas prévenu Joe, mais je n'en avais parlé à personne au sein de mon cabinet. Arrivée en vue de la Maison-Blanche, je suis passée au pas de course à côté de la meute des journalistes qui campent en permanence dans l'allée et tous se sont rués sur leurs portables. Il faut croire que c'était inhabituel pour une Deuxième Dame, ce que m'ont confirmé par la suite mes assistants en m'expliquant qu'ils n'avaient aucune envie de voir des photos de moi en tenue de jogging s'afficher dans les journaux du monde entier.

Après avoir pénétré dans l'enceinte de la Maison-Blanche, j'ai récupéré mon outillage dans le véhicule des Services secrets : une demi-douzaine de tubes de peinture de différentes couleurs. Je me suis ensuite rendue dans l'aile Ouest où Michele Smith, l'assistante de longue date de Joe, m'a ouvert la porte de son bureau pendant qu'il était en réunion. En l'espace de quelques minutes, j'ai peint d'énormes cœurs multicolores sur les fenêtres de Joe, en l'honneur de la Saint-Valentin. Lorsqu'il

1. Un mélange de *fighting* (se disputer) et de *texting* (échanger des SMS).

a regagné son bureau plus tard dans la matinée, en compagnie d'un sénateur, je n'étais pas là pour voir sa réaction, mais j'ai su qu'il avait été à la fois ravi et gêné.

Je ne suis pas adepte des débordements d'affection en public, mais la Saint-Valentin me donne l'occasion de me lâcher. Une année, j'ai acheté dans une carrière une pierre sur laquelle j'ai fait graver nos initiales, JB + JB. Je l'ai fait livrer sur la pelouse de notre maison du Delaware, de façon que Joe la voie en rentrant de son travail. Une autre fois, j'ai gravé nos initiales sur le tronc de l'un des arbres du jardin avant d'installer un spot pour l'éclairer. Il a neigé ce soir-là et lorsque Joe est rentré, il a découvert l'arbre éclairé au milieu des flocons qui tombaient lentement du ciel. Son visage s'est illuminé comme celui d'un enfant en voyant ce spectacle féerique.

Mes plans ne fonctionnent pas toujours aussi bien. Une année, j'ai installé des lumières blanches tout autour de notre lit à baldaquin sur lequel j'avais fait pleuvoir des pétales de rose, emportée par mon élan romantique. Nos petits-enfants étaient passés avant le retour de Joe et ils ont découvert le tableau en se précipitant à l'étage.

— Nana ! se sont-ils écriés. C'est trop beau !

Ils étaient à l'école primaire à l'époque, et leur notion de la Saint-Valentin se limitait aux cartes traditionnelles à découper, mais je me suis sentie gênée. Voici ce qu'il en coûte d'être romantique.

La vie de couple (la vie tout court, à vrai dire) n'est pas facile. On se laisse emporter par ses habitudes et la routine finit par vous étouffer. Si l'on n'y prend pas garde, on finit par croiser son conjoint dans le couloir sans le voir. Après plus de quarante années de vie commune, je veille à organiser régulièrement des moments privilégiés avec Joe. C'est l'une des plus belles leçons qui me sont restées de l'exemple de mes parents. *N'hésitez pas*, un beau poème de Mary Oliver, me rappelle combien il est important de savourer l'instant :

Si vous ressentez de la joie de façon inattendue, n'hésitez pas. Laissez-vous aller. Il existe tant de vies, tant de cités détruites ou à bâtir. La sagesse nous fait souvent défaut, tout comme la bonté. On retrouve rarement ce que l'on a perdu.
La vie conserve pourtant des atouts. Sans doute est-ce sa façon de se défendre, en plaçant sur notre route des instants plus précieux que toutes les richesses du monde. Il peut s'agir d'un rien, dont on remarque généralement la présence à l'instant où naît l'amour. C'est souvent le cas. Quoi qu'il en soit, n'ayez pas peur de son opulence. La joie ne se contente pas des miettes.

*

Un dimanche matin de 2004, notre maison a pris feu après avoir été frappée par la foudre.

Comme Joe devait participer ce jour-là à l'émission *Meet the Press*[1], la chaîne avait envoyé une voiture le prendre à 6 heures du matin. Ashley, Hunter et Beau, tous grands, n'habitaient plus à la maison, de sorte que j'étais seule avec notre chat, Daisy. À mon réveil, j'ai constaté qu'un orage avait éclaté et qu'il pleuvait à verse. En descendant à la cuisine chercher un café, j'ai entendu un grand *boum*. Le vacarme était tel que j'ai pensé que la foudre s'était abattue sur l'un des arbres du jardin.

J'ai fait le tour du rez-de-chaussée en essayant de voir à travers les fenêtres quel arbre avait été touché, mais tout paraissait normal. J'en arrivais à me demander s'il

1. Cette importante émission politique, créée en 1947, est diffusée tous les dimanches matin sur la chaîne NBC.

s'agissait bien de la foudre lorsque j'ai découvert de la fumée dans la cuisine. Je me suis ruée sur l'extincteur que nous conservons dans le placard, dans l'espoir d'éteindre l'incendie avant qu'il ne soit trop tard, mais j'avais beau regarder partout, je ne voyais pas de flammes. Une épaisse fumée noire s'échappait pourtant des grilles de ventilation du plafond et je n'ai pas tardé à comprendre, horrifiée, que le feu s'était déclaré *à l'intérieur* des cloisons.

En l'espace de quelques minutes, je ne distinguais plus rien à cause de la fumée. J'ai voulu appeler les pompiers, mais la ligne était coupée. Obnubilée par l'idée d'éteindre l'incendie, je n'ai pas pensé tout de suite à sortir de la maison. La peur m'a rattrapée et je me suis précipitée chez nos voisins les plus proches, à la porte desquels j'ai tambouriné.

Après avoir appelé les pompiers depuis chez eux, j'ai composé le numéro de Beau puisqu'il vivait à quelques kilomètres à peine. Le journaliste Tim Russert interviewait Joe sur le plateau de *Meet the Press* au même moment, le prévenir n'aurait servi à rien. Il serait toujours temps qu'on lui apprenne la mauvaise nouvelle à la fin de l'émission.

Je me suis brusquement souvenue que Daisy était toujours dans la maison, je l'avais laissée endormie sur notre lit. J'ai remonté l'allée en courant, ouvert la porte d'entrée et crié : « Daisy ! Daisy ! » de toutes mes forces. Une épaisse fumée avait tout envahi, ce qui m'a obligée à refermer la porte afin de reprendre ma respiration avant de recommencer, sans succès. À la troisième tentative, alors que la fumée menaçait de m'asphyxier, elle a dévalé les escaliers et franchi le seuil de la maison d'un bond avant de disparaître dans les bois. Nous ne l'avons plus revue pendant trois jours.

Daisy saine et sauve, je suis restée devant la maison à regarder les nuages de fumée qui s'échappaient des fenêtres, des cheminées, des portes. Plusieurs sirènes ont retenti dans la rue et une demi-douzaine de camions de pompiers ont remonté l'allée en trombe. Les pompiers ont franchi la porte avant de ressortir aussitôt, aveuglés par la fumée. Le temps de s'équiper de masques, de lampes frontales et de haches, ils sont retournés à l'intérieur du bâtiment.

Plantée dans l'allée sous une pluie battante, j'ai vu les flammes consumer notre maison. Sous le choc et transie de froid, je me suis mise à trembler et une bénévole de l'organisation Women's Auxiliary s'est précipitée en me proposant un ciré jaune.

— Enfilez-le, madame. Il faut vous couvrir.

Je ne m'étais pas aperçue jusque-là que j'avais uniquement sur le dos un mince peignoir enfilé au réveil.

Je grelottais encore lorsque Beau a remonté l'allée au pas de course.

— Mom ! Mom ! s'est-il écrié, le visage blême. Tu vas bien ?

Je me suis empressée de le rassurer et il m'a serrée dans ses bras pendant que notre chère maison partait en fumée.

L'un des pompiers s'est approché.

— Madame Biden !

Je l'ai regardé, inquiète, en me demandant ce qui allait encore me tomber dessus.

— Vous ne vous souvenez pas de moi ? Harry !

À son sourire, j'ai reconnu l'un de mes anciens étudiants de Delaware Tech.

Je l'ai regardé, dans mon peignoir trempé recouvert d'un ciré jaune.

— Bien sûr ! Harry ! Je me souviens très bien.

Un garçon adorable et drôle que j'avais eu comme étudiant deux années de suite. L'absurdité de la situation m'a fait éclater de rire, j'étais heureuse et fière de constater qu'il avait réalisé son rêve de devenir pompier.

Lorsque Joe est arrivé quelques heures plus tard, escorté par la police, je me suis précipitée à sa rencontre.

— Mon Dieu, Joe ! Regarde notre maison ! Que va-t-on devenir ?

J'étais trempée jusqu'aux os, bouleversée par les dégâts provoqués par l'incendie. Je tendais surtout le dos à l'idée de tout ce que nous allions devoir entreprendre pour reconstruire le bâtiment.

Joe m'a adressé un grand sourire.

— Voyons plutôt la situation du bon côté. Ce sera l'occasion de changer tout ce qui ne nous plaisait pas.

Joe tout craché, incapable de voir la bouteille autrement qu'à moitié pleine. Au moment où brûlait cette maison qu'il aimait tant, il jouait à Tigrou rassurant Bourriquet. Et il avait raison car, en l'espace de six mois, non seulement nous avons rebâti la maison, mais nous l'avons améliorée.

*

Un an après l'incendie, la maison reconstruite et plus belle que jamais, nous nous retrouvions pour l'un de nos dîners du dimanche rituels. Nous avions institué cette tradition, inspirée des dimanches soir de mon enfance, lorsque les enfants s'étaient envolés du nid. Petite, j'adorais ces dîners de famille, mais je n'imaginais pas combien ils devaient être précieux pour mes grands-parents. À présent que mes enfants étaient grands et qu'ils étaient parents à leur tour, ces moments privilégiés prenaient tout leur sens.

Tous les membres de la famille étaient les bienvenus le dimanche, et la plupart arrivaient dès le début d'après-midi. Il y avait là Mom-Mom et Dada, Ashley, Beau et Hallie, Hunt et Kathleen. Avec le temps sont arrivés les petits-enfants : les trois filles de Hunt, Naomi, Finnegan et Maisy, ainsi que les enfants de Beau, Natalie et le petit Hunter.

Notre maison se trouve au bord d'un lac, si bien que l'eau joue un rôle de premier plan dans notre vie. Les enfants prenaient le plus grand plaisir à utiliser le canoë, les kayaks et la piscine. Nous avons même eu un temps une petite barque blanche équipée d'un moteur, mais elle a coulé un jour. Une année, nous avons offert à Joe un canot vert foncé qu'il a baptisé *Naomi*. Beau adorait pêcher, il a transmis sa passion à son fils. Assis l'un à côté de l'autre sur le ponton, une canne à pêche à la main, ils attrapaient des poissons qu'ils rejetaient aussitôt à l'eau. On retrouvait invariablement des appâts éparpillés sur notre vieux ponton, à côté des fauteuils Adirondack.

Les garçons passaient leur dimanche après-midi au bord de l'eau ou sur les bateaux, grâce auxquels ils gagnaient le petit îlot qui s'élève au milieu du lac. Les filles préféraient se reposer et bronzer en lisant près de la piscine pendant que les adultes profitaient de la terrasse en discutant d'un article lu le matin dans les colonnes du *New York Times* ou du *News Journal* de Wilmington. L'ensemble formait un tableau idyllique au milieu des bois, entre les cris des enfants et ceux des oies qui n'oubliaient jamais de nous laisser des souvenirs dans le jardin. Les petits finissaient tous par s'ébattre dans la piscine en jouant à Marco Polo. J'éprouvais un plaisir infini à les regarder s'amuser, même s'ils me rendaient folle à force de crier *Marco !* et *Polo !* d'une voix perçante. Le genre d'agacement qui vous manque une fois qu'ils sont partis.

Le matin, j'allais acheter du maïs frais, des tomates, des pêches et du basilic à la ferme Haskell. Je préparais une grande salade agrémentée de ce que chacun apportait. En plus de la salade, le dîner était composé de blancs de poulet et de pâtes pour Joe qui *adore* ça. En dessert, une tarte aux pêches à l'intention de Dada dont c'était le fruit préféré. Il nous arrivait d'acheter des seaux de crabes que chacun dépiautait sur des journaux à grands coups de maillet en bois, une bonne odeur de sauce Old Bay sur les mains et les vêtements. Les chiens (des bergers allemands, des chiens de sauvetage, des labradoodles) dormaient à nos pieds, les uns sur les autres, quand ils ne cherchaient pas à voler de la nourriture sur la table.

Mom-Mom ne manquait jamais le repas du dimanche. Elle s'installait près de la piscine avec un Coca-Cola et grignotait des chips ou des bretzels, comme pour un apéritif. Comme les petits-enfants adoraient Mom-Mom, ils voulaient tous s'asseoir à côté d'elle, écouter ses histoires, s'occuper d'elle.

Il n'a pas été facile de conserver cette tradition dominicale lorsque Joe est devenu vice-président, même si nous nous y efforcions. Nous étions entourés d'aides de camp, les NEA (Naval Enlisted Aides), qui géraient le quotidien dans notre résidence officielle de Washington et préparaient la plupart des repas. J'aurais été mal inspirée de m'en plaindre, ils cuisinaient à merveille et leur aide nous était précieuse, mais cela rendait plus compliquée l'organisation des réunions de famille. Par souci de ne pas abuser des NEA, il m'arrivait de prendre le relais aux fourneaux, pas toujours avec succès.

Au cours de notre première année de vice-présidence, j'ai voulu préparer une tourte au poulet pour l'anniversaire de Hunter, ainsi que j'en avais l'habitude une année sur deux. Pourquoi rompre avec ce rituel au simple prétexte que nous ne vivions plus à Wilmington ? La cuisine de la résidence était immense, mais ce n'en était pas moins une cuisine.

J'ai commencé à comprendre mon malheur en constatant qu'il n'y avait aucun saladier dans les placards. Ceux que j'ai trouvés étaient aussi profonds que des tonneaux. De même, tous les ingrédients (le sel, le bouillon, le poulet) se présentaient en quantités énormes. Prélever un peu de farine devenait compliqué. Quant aux fours industriels, leur fonctionnement n'avait pas grand rapport avec celui que j'avais à la maison, il m'a fallu un manuel pour allumer les plaques. Perdue dans cette cuisine gigantesque, en quête d'une cuillère doseuse, j'avais l'impression d'être l'héroïne de la série *I Love Lucy*[1] et le résultat a été catastrophique.

Réduisant mes prétentions pour l'anniversaire d'Ashley, je me suis contentée d'acheter son gâteau glacé préféré. *Tu ne prends aucun risque*, me suis-je dit en glissant le gâteau dans le congélateur. En ressortant une masse visqueuse entièrement fondue au moment de servir le dessert, j'ai compris que l'immense placard en inox réfrigéré que j'avais pris pour un congélateur était un réfrigérateur ordinaire de plus.

Heureusement pour moi, Hunter et Ashley l'ont bien pris, et si ces repas de fête étaient immangeables, ils sont restés inoubliables. Nous avons tous beaucoup ri en raclant sur nos assiettes la glace fondue, ce qui m'a

---

1. Cette sitcom mythique, diffusée de 1951 à 1957, racontait les mésaventures d'une mère au foyer new-yorkaise rêvant de devenir star.

confortée une fois de plus dans l'idée que j'avais de la chance d'avoir une famille dotée du sens de l'humour.

Les traditions les plus durables chez nous sont celles qui célèbrent l'unité de notre famille et la générosité de ses membres. Les habitudes qui se sont formées sont là pour rappeler notre histoire commune ; quel que soit le menu, j'ai toujours veillé à mettre une belle table, avec des fleurs et des bougies, comme le faisait ma mère.

Ces repas n'avaient rien d'exceptionnel, ils étaient un simple prétexte à se retrouver le temps d'un après-midi. C'était précisément cette simplicité qui les rendait parfaits, sur fond de rires, d'amour et de gratitude. Ainsi que l'a écrit la romancière Barbara Kingsolver : « Peut-être la vie n'est-elle ni meilleure, ni pire. Elle nous offre ce que nous y mettons : de petits miracles qui deviennent grands. »

12

DÉCISIONS COMMUNES

Le jour où Beau et Hunter, tout petits, ont déclaré à leur père : « On devrait se marier avec Jill », ils ont institué un protocole officieux qui a présidé à toutes les prises de décision importantes chez nous. Chaque fois qu'un choix nous affectait globalement, nous avions tous voix au chapitre. Avec le temps, j'ai compris que cette tradition avait largement contribué à notre unité. Je suis une enseignante introvertie mariée à un sénateur extraverti, et Joe a toujours su qu'avoir une vie publique était son choix, et non le mien. C'est son nom qui figure sur les bulletins de vote, mais c'est nous tous – moi, les enfants et désormais les petits-enfants – qui avons la charge de répondre aux questions des journalistes, de participer aux meetings de campagne et d'être sous les feux de la rampe. En conséquence de quoi nous décidons tous ensemble.

Pendant des années, j'ai été inquiète à l'idée que Joe se lance dans une nouvelle course à la présidence, ce qui n'empêchait pas son entourage de s'efforcer régulièrement de le convaincre. Bien que j'aie fait de cette question un sujet tabou, plusieurs dirigeants du parti sont venus chez nous en 2003 avec l'intention de pousser Joe à s'engager. Des heures durant, installés dans notre salon, ils ont expliqué à Joe qu'il était le seul capable d'affronter le président Bush.

De mon côté, en maillot de bain près de la piscine, je rongeais mon frein car nous avions déjà pris la décision de ne pas nous engager. Finalement, la colère a pris chez moi le pas sur la raison et j'ai décidé de m'associer à la discussion. En traversant la cuisine, j'ai aperçu un feutre qui traînait et c'est le ventre orné d'un NON écrit en gros caractères que je suis entrée dans le salon vêtue de mon bikini.

Inutile de préciser que mon message a été reçu cinq sur cinq.

La situation n'était plus la même quatre ans plus tard. Cela faisait désormais des années que le pays était enlisé dans une double guerre interminable. On sollicitait nos soldats toujours davantage pendant que leurs proches devaient subir la situation à la maison. Beau avait rejoint la Garde nationale et j'avais constamment peur qu'il soit mobilisé, de sorte que je me sentais proche des familles de ceux qui portaient le fardeau de notre sécurité nationale.

Joe ayant longtemps fait partie de la commission des Affaires étrangères, il avait acquis avec les années une stature d'homme d'État. De mon point de vue, son expérience, son intelligence et son bon sens pouvaient lui permettre de nous sortir de la situation désastreuse que nous connaissions en Irak et en Afghanistan.

J'ai donc organisé une réunion de famille pour lancer l'idée de sa candidature. Beau vivait sur place, mais Hunter a fait le déplacement depuis Washington et Ashley depuis Philadelphie un samedi après-midi. Joe, persuadé que les enfants venaient uniquement dîner à la maison, n'avait aucune idée de ce qui l'attendait quand il nous a tous trouvés dans la bibliothèque. Il a très vite compris qu'il s'agissait d'une embuscade. Je me suis levée pour lui exprimer l'avis général.

— Joe, tu dois te présenter.

Il a écouté les arguments de chacun : Beau impatient de repartir en campagne, Hunter insistant sur le fait que la nation avait besoin d'un homme tel que lui, Ashley excitée à l'idée que nous puissions nous lancer tous ensemble dans un tel projet. De façon inhabituelle, Joe n'a pas beaucoup parlé, mais j'ai bien senti que notre enthousiasme le touchait. La décision a donc été entérinée.

Pendant plusieurs mois, toute la famille s'est lancée dans la campagne. Nous prenions tous place à bord d'un van et nous écumions le pays, les petits-enfants se chargeant d'expliquer aux électeurs de l'Iowa et du New Hampshire à quel point leur papy était formidable. Nous avons même renoncé au pèlerinage annuel de Nantucket pour célébrer Thanksgiving dans un minuscule restaurant français de Des Moines, dans l'Iowa. Joe y a mis tout son cœur, j'étais fière de lui, mais son heure n'était pas venue et nous avons fini par renoncer au mois de janvier 2008.

Je savais que si Joe était président, il se battrait pour les hommes et les femmes qui servaient les États-Unis, mais aussi pour leurs familles. Dans l'avion qui nous reconduisait chez nous à la suite de son renoncement, j'ai décidé de m'impliquer d'une autre façon en contactant les instances de la Garde nationale dans le Delaware. On m'a mise en lien avec cinq femmes, mères ou épouses de soldats de la Garde, qui venaient de constituer l'association Delaware Boots on the Ground (DBOTG) [1].

DBOTG propose de l'aide aux familles de militaires dans le besoin. Lorsqu'un conjoint est déployé avec son unité et que la chaudière familiale rend l'âme, DBOTG

1. « Sur le terrain dans le Delaware ».

prend le relais. L'assistance va de la réparation d'un véhicule à la prise en charge des animaux domestiques. Pour donner un exemple, nous avons reçu un jour un appel d'une jeune mère qui n'arrivait pas à s'en tirer avec son bébé depuis le départ de son compagnon. Elle avait confié son enfant à sa grand-mère, mais cette dernière n'avait ni couches, ni berceau, et DBOTG a veillé à ce que le nécessaire soit livré chez elle dès le lendemain.

Ainsi que j'ai pu le constater à de multiples reprises, la décision d'un individu de rejoindre les rangs de l'armée a de nombreuses conséquences sur son entourage. Servir sa patrie n'est pas anodin, surtout lorsque l'on est contraint de laisser derrière soi des êtres aimés.

Quand j'étais petite, mon père nous emmenait souvent dans un parc d'Hammonton, la ville du New Jersey dont il était originaire, afin de nous montrer le monument commémoratif de la Seconde Guerre mondiale. Je sais que ma grand-mère était inquiète lorsque mon père a voulu s'engager, mais cela ne l'a pas empêchée de signer l'autorisation nécessaire puisqu'il n'avait que dix-sept ans.

Ému par la tragédie du 11 Septembre, Beau a rejoint la Garde nationale en 2003. Tout est allé très vite, Joe m'a alertée le matin même du jour où avait lieu la cérémonie d'enrôlement. J'étais fière qu'il marche sur les pas de son grand-père en servant son pays, mais j'étais inquiète de sa décision alors que débutait la guerre d'Irak, terrifiée à l'idée qu'il n'en revienne pas vivant.

Ce mélange de peur et de fierté caractérise la plupart des familles de militaires. Beau avait dépassé la trentaine et n'avait aucune raison de solliciter ma permission. Nous lui avions toujours inculqué le sens des responsabilités, ce n'était pas à moi de décider de la façon dont il devait s'en servir, de sorte que je lui ai apporté mon soutien, tout comme grand-mère Jacobs l'avait fait avec mon père.

Par la suite, j'ai rencontré les hommes et les femmes avec lesquels il servait et pu constater combien ils avaient tous le sens du devoir, mais DBOTG m'a montré le revers de la médaille. Lors des cérémonies qui marquent le départ et le retour de nos troupes, j'ai pu mesurer le chagrin comme la joie de ceux que la guerre sépare avant de les réunir. J'ai vu des gamins à peine scolarisés faire preuve de courage, alors qu'ils étaient écartelés entre la tristesse de voir partir leur père ou leur mère et la fierté de leur engagement. J'ai vu des conjoints peiner à boucler les fins de mois tout en assumant les responsabilités de l'autre, parti se battre au bout du monde. J'ai pu constater combien ils se sacrifiaient.

Quand la campagne de Joe s'est arrêtée en 2008, j'étais heureuse de pouvoir me consacrer à DBOTG. Soutenir ces familles en des temps aussi difficiles donnait un sens à ma propre vie au moment où nous reprenions le cours d'une existence normale.

Toujours sénateur, Joe continuait d'effectuer les allers-retours à Washington tous les jours, j'enseignais à Del Tech, et les enfants se consacraient à leurs carrières respectives.

Nous suivions bien évidemment la campagne en cours avec tous ses rebondissements, même si l'échec de Joe était difficile à vivre. Nous avions conscience d'assister à un moment historique puisque le candidat d'un grand parti serait soit une femme, soit un Afro-Américain.

*

Un après-midi de juin, je rentrais à la maison en voiture lorsque Joe m'a appelée sur mon portable.

— Barack me demande si j'accepterais d'être auditionné par la commission du parti pour devenir son vice-président. Il m'a conseillé d'en parler en famille.

Je ne m'y attendais absolument pas. Jamais je n'avais envisagé une telle possibilité.

— Mon Dieu… À quelle heure rentres-tu à la maison ? J'appelle tout de suite les enfants, qu'on puisse en discuter tous ensemble.

Barack ne s'était pas trompé, il s'agissait d'une décision familiale.

Joe avait mené quasiment toute sa carrière professionnelle au Sénat, un travail qu'il menait à sa guise, passionné par le travail en commission, ses responsabilités quotidiennes, animé par l'affection qu'il portait aux autres, qu'il s'agisse de ses assistants, des stagiaires, ou des liftiers. Tous le lui rendaient bien, au point de voter systématiquement pour lui lorsqu'on leur demandait de citer leur sénateur préféré. Renoncer au Sénat, fût-ce pour occuper le poste prestigieux de vice-président, n'était pas un choix anodin pour lui.

La famille s'est montrée nettement moins hésitante que lui. Hunter, Ashley, Beau et moi estimions que c'était une chance unique. L'expérience de Joe constituerait un atout précieux qui lui permettrait de contribuer au renouveau dont avait besoin le pays, sans parler de l'extraordinaire aventure que cela représentait pour toute la famille.

Joe n'a pas pris sa décision ce jour-là, il a souhaité consulter d'autres proches le lendemain.

— Tu t'es toujours tant battu pour les droits civiques, mon chéri, lui a dit Mom-Mom. Tu n'as pas envie d'entrer dans l'Histoire ?

Les enfants m'ont appelée toute la journée en me fournissant des arguments susceptibles de convaincre leur père. Le soir venu, il annonçait à Barack que nous étions d'accord.

Lorsque David Axelrod et David Plouffe[1] ont pris un vol à destination de Wilmington pour rencontrer Joe, j'ai pensé qu'il était de notre devoir d'aller nous-mêmes les accueillir à l'aéroport plutôt que d'envoyer un assistant parlementaire, histoire de leur montrer que les Biden formaient une équipe. J'ai demandé à Beau de m'accompagner et nous avons discuté avec les deux David en les conduisant chez Val où avait lieu cette rencontre secrète.

Au même moment circulaient d'autres noms potentiels pour le poste de vice-président, et pas des moindres, de sorte que nous entendions modérer notre optimisme. À chaque fois que j'étais tentée de penser à la Maison-Blanche, je me reprenais aussitôt.

La situation a évolué au milieu du mois d'août. Il se murmurait que Joe faisait partie du carré final et une meute d'envoyés spéciaux campaient à l'entrée de notre propriété. Les impatiences rouge et blanc que j'avais récemment plantées n'y ont pas survécu. On ne pouvait pas mettre le pied dehors sans être assailli de questions et mitraillé de flashs. Le téléphone sonnait sans discontinuer tant les demandes d'interviews étaient nombreuses. Je n'en pouvais tellement plus que j'ai convaincu Joe un soir de quitter la maison par-derrière, de passer par le jardin du voisin et de se tapir derrière une haie en attendant que Beau passe nous prendre. Il nous a emmenés loin de toute cette folie, ce qui nous a permis de nous promener en paix, pour une fois.

1. Axelrod et Plouffe étaient respectivement stratège en chef et directeur de campagne de Barack Obama en 2008.

Joe a reçu l'appel un jeudi alors qu'il patientait dans la salle d'attente de notre dentiste. J'avais repris les cours depuis peu et il était passé me prendre. Comme on devait me dévitaliser une dent, il ne souhaitait pas me voir prendre le volant au retour, encore groggy par l'anesthésie. Il feuilletait machinalement un magazine lorsque le nom de Barack Obama s'est affiché sur l'écran de son téléphone.

La décision venait d'être entérinée, pendant que le dentiste soignait ma dent. Je suis montée en voiture, aidée par Joe, l'esprit embrumé par la piqûre et la bouche endolorie.

— Barack m'a demandé d'être son colistier, m'a-t-il annoncé après s'être installé au volant.

J'aurais voulu lui dire combien j'étais fière de lui, mais c'est tout juste si un borborygme a franchi la barrière de mes lèvres paralysées par l'anesthésiant, et je me suis contentée d'un sourire asymétrique.

Nous étions encore au lit le lendemain matin lorsque nous avons vu, à travers la fenêtre de la chambre, le premier hélicoptère d'une chaîne de télévision. Je me suis levée d'un bond afin de fermer les rideaux en passant précipitamment une couverture sur mes épaules, peu soucieuse d'apparaître en pyjama dans un journal télévisé. Le message annonçant que Joe serait candidat à la vice-présidence aux côtés d'Obama n'avait pas encore été envoyé à ses millions de followers et notre maison commençait déjà à accueillir la masse des agents des Services secrets, des stratèges et autres amis venus nous aider à gérer les semaines chargées qui s'annonçaient. L'équipe de campagne est venue nous chercher afin de nous emmener à Springfield, la capitale de l'Illinois, où devait avoir lieu l'annonce officielle dans l'après-midi, avant qu'un vol privé ne nous ramène à la maison le soir même. Prise dans un tourbillon, je n'avais pas eu le temps de m'acheter une tenue adéquate et j'ai dû en emprunter une à ma belle-sœur Sara.

À l'aube le dimanche suivant, j'ai trouvé devant ma porte une énorme pile de robes aux couleurs bleu, blanc et rouge. Ma toute nouvelle directrice de campagne, Carrie Devine, m'a aidée à les essayer.

— Je ne m'attendais vraiment pas à passer ma journée à m'habiller et me déshabiller en présence de quelqu'un que je connais à peine, ai-je plaisanté.

Nous avons pris la route le lendemain. Notre première étape était la convention nationale démocrate, mais le rythme ne s'est pas ralenti par la suite. Il nous fallait mémoriser des informations bien précises, nous familiariser avec la politique annoncée par le candidat, préparer des discours. En dépit du fait que Joe était sénateur, rien ne nous avait habitués jusque-là à un agenda aussi chargé, sans oublier que nous étions désormais sous le regard du pays tout entier. Le magazine *Vogue* souhaitait brusquement consacrer un article aux femmes qui avaient marqué la vie de Joe ; sa rédactrice en chef Anna Wintour avait même un avis sur ma coiffure, ce qui me paraissait surréaliste, et le célèbre photographe Arthur Elgort installait son appareil dans mon jardin.

Tout n'était pas aussi fascinant. Le jour des primaires organisées en vue des élections locales du Delaware, je me suis rendue à mon bureau de vote en tenue de jogging et ma directrice de campagne a immédiatement reçu un appel agacé de l'équipe chargée de la communication. « Elle ne se doutait pas qu'il y aurait des caméras ? » nous a-t-on reproché.

Dans le même temps, je continuais à donner des cours du lundi au jeudi, ce qui limitait mes déplacements aux week-ends. J'avais des copies à corriger, des étudiants à conseiller. Sans oublier la santé de ma mère qui déclinait rapidement depuis qu'on lui avait diagnostiqué un lymphome.

Je me trouvais à la convention démocrate à Denver lorsque j'ai appris qu'il lui restait tout juste quelques semaines à vivre. Nous nous apprêtions à saluer les membres d'une délégation d'État, le véhicule des Services secrets venait de se garer à l'arrière de l'hôtel où nous avions rendez-vous. Je me suis mise à trembler en entendant la voix de ma sœur au téléphone, sans pouvoir retenir mes larmes. Joe m'a prise dans ses bras pendant que les agents des Services secrets descendaient pudiquement de l'auto. J'aurais tout donné pour me trouver auprès de ma mère à cet instant précis, mais c'était impossible.

Je me suis accordé quelques minutes, puis je me suis reprise. Mes sœurs avaient déjà mis au point un plan pour s'occuper des dernières semaines de ma mère et je me suis largement reposée sur elles. Au cours des mois qui ont suivi, j'ai appris à cloisonner mes pensées. Tout en étant sincère lorsque je souriais lors des meetings, je me forçais à ne pas penser à tout ce qui me faisait souffrir. Les enjeux de l'élection étaient trop importants.

Il est essentiel de savoir cloisonner en politique, et cette leçon m'a bien servi tout au long de nos années à la Maison-Blanche. Il n'est pas aisé de mener une double vie, que l'on soit célèbre ou pas. Le monde ne s'arrête pas de tourner au prétexte que l'un de vos proches est malade. On ne sait jamais ce que peut dissimuler un sourire, à quelles difficultés d'ordre privé l'intéressé fait face.

Les campagnes électorales constituent un univers étrange. Je n'avais jamais rien vécu d'aussi intense auparavant. Pour la première fois, je n'étais plus seulement la doublure de Joe. Je disposais désormais de ma propre équipe, de mon calendrier de déplacement, et même d'un avion privé.

Chacun devait donner le meilleur de lui-même, et nous avons fini par endosser le costume qui nous était attribué, sachant que nous pouvions compter les uns sur les autres. Lorsque j'étais épuisée, ou que j'avais mal en pensant à ma mère, je savais que je pouvais compter sur Beau et Hunt, Ashley et Val, Joe et Mom-Mom. Mes sœurs géraient la plus grande partie des soins dont avait besoin ma mère et nos amis étaient invariablement là, qui nous apportaient spontanément une salade de poulet ou une corbeille de fruits. Sans parler des agents des Services secrets qui avaient transformé notre maison en forteresse et nous conduisaient partout.

*

Le soir de l'élection, je n'ai pu m'empêcher de céder à l'excitation du moment. Ayant vu les milliers de citoyens qui assistaient à chaque meeting, je savais combien ils attendaient cette victoire, tout en ayant conscience de la responsabilité qui nous incombait. Un événement historique était sur le point de se produire, et nous le sentions.

Nous avons commencé la journée en votant dans le Delaware avant de nous rendre à Chicago en participant à trois meetings en chemin. Joe s'est autorisé une sieste dans l'après-midi, mais je ne tenais pas en place et j'ai préféré faire une petite promenade aux alentours de l'hôtel. J'ai retrouvé Cathy Russell, l'une de mes conseillères qui est devenue par la suite ma cheffe de cabinet, et nous avons mangé ensemble des frites et bu un verre de vin. De retour dans notre suite, j'ai retrouvé le clan

Biden au grand complet et nous avons appris que les premiers résultats étaient encourageants.

Les chaînes de télévision ont annoncé le résultat un peu plus tard. En un instant, tout s'est mis en branle : les téléphones sonnaient de tous les côtés et les équipes des Services secrets se sont immédiatement renforcées. C'était officiel, nous avions gagné ! Je me trouvais entre les mains de la coiffeuse quand quelqu'un est entré dans la suite.

— Félicitations, monsieur le vice-président. Les Obama vous attendent.

Joe et moi avons rejoint Barack et Michelle dans leur suite. Ils étaient assis sur un canapé en compagnie de Marian Robinson, la mère de Michelle, et de Valerie Jarrett[1]. Nous les avons serrés dans nos bras, mais en dépit de l'excitation ambiante, le moment était grave, presque solennel. À présent que nous avions gagné, il allait falloir se retrousser les manches.

Nous nous sommes rendus à Grant Park où un million de personnes étaient réunies dans l'espérance de cette victoire. En arrivant sur place avec Joe, Hunter et Ashley, nous avons tous ressenti l'absence de Beau, retenu en Irak au sein de son unité de la Garde nationale. Comme il n'était pas imaginable de fêter l'élection sans lui, nous avions pris la précaution d'emporter un ordinateur de façon à pouvoir dialoguer par Skype avec lui et ses frères d'armes. Lorsque son visage souriant est apparu à l'écran, les membres de son unité ont poussé des hourrahs derrière lui. Tous mangeaient des pizzas, en short dans le désert. Une bouffée de fierté est montée en moi et lorsque nous nous sommes avancés sur la

---

1. Cette avocate afro-américaine était l'une des plus anciennes et plus proches conseillères de Barack Obama.

scène, dopés par le rugissement d'un million de voix, nous avons tourné la caméra de l'ordinateur vers le public afin que Beau puisse voir la foule.

Ma famille était enfin réunie et le clan Biden avait réussi ce tour de force ensemble.

13

LA TABLE S'ÉLARGIT

Le véritable sens de l'expression « tout recevoir » est en réalité « tout donner ». Une équation chimérique qui consiste pour chacun à se consacrer à cent pour cent à son travail, à cent pour cent à sa famille, et à cent pour cent à notre moi intime, sans renoncer à l'une ou l'autre de ces tranches de vie qui nous définissent.

Rester enseignante à plein temps tout en étant Deuxième Dame était un défi. Il m'a fallu jongler entre ces deux rôles en me concentrant à chaque fois sur l'activité du moment. Je devais être là pour mes étudiants lorsque je faisais cours, oubliant la réception ou la cérémonie qui allait suivre, et être là pour mes équipes lorsque je me trouvais à la Maison-Blanche. J'avais appris à cloisonner avec le temps, mais les enjeux étaient désormais d'un autre ordre.

Je ne voulais pas non plus que ma famille pâtisse de la situation. Mes enfants étaient grands, je n'avais plus l'obligation de leur préparer des sandwiches ou de participer à la fête du hot-dog, mais cela ne m'empêchait pas de vouloir m'impliquer dans leur vie. Ou celle de mes petits-enfants. Nous restions fidèles aux grands rassemblements familiaux, en particulier lors des anniversaires, mais les week-ends de « liberté » se faisaient rares. Il nous fallait donc trouver le moyen d'intégrer les plus jeunes à nos obligations les moins contraignantes.

C'est ainsi que Finnegan, ma petite-fille de quatorze ans, s'est retrouvée un jour à côté de moi dans un véhicule blindé qui se dirigeait en cahotant vers la frontière orientale de la République démocratique du Congo.

C'était en 2014, nous venions d'atterrir à Bukavu sur un aéroport qui se limitait essentiellement à une piste. La RDC est un pays riche en ressources naturelles et en métaux précieux que vingt années d'une guerre civile particulièrement meurtrière avaient plongé dans la misère. En descendant de l'avion, nous avons senti vibrer l'air autour de nous, comme si les fantômes d'une génération perdue nous encerclaient.

En empruntant les routes de terre rouge qui serpentent à travers les collines comme autant de cicatrices, nous avons rejoint un lieu dont j'avais beaucoup entendu parler au cours des mois précédents : l'hôpital de Panzi du docteur Denis Mukwege. Avant de recevoir le prix Nobel de la Paix en 2018, le docteur Mukwege était mal connu des Américains. Il s'était donné pour mission de soigner les femmes et les filles violées par les gangs et les soldats. Les histoires de ces victimes de tout âge me hantaient, les tortures qu'elles avaient subies étaient des actes de guerre. Grièvement mutilées au point de perdre le contrôle de leurs sphincters, elles étaient chassées de chez elles et devaient marcher pendant des jours avant de se réfugier à l'hôpital de Panzi.

J'avais pensé que cette visite de l'est du Congo serait traumatisante pour Finnegan. Avait-elle l'âge de comprendre les implications de ce qu'elle verrait ? Entre les femmes violées, les enfants-soldats et les réfugiés, elle assisterait à des scènes pénibles. D'un autre côté, la maturité de Finnegan lui permettrait de prendre conscience des privilèges comme des responsabilités d'une famille telle que la nôtre qui avait la chance de vivre en paix dans un pays riche. En fin de compte, Hunter et Kathleen ont pensé que leur fille était assez grande pour participer à un tel voyage et il a été décidé que Finnegan m'accompagnerait en Afrique.

Alors que notre véhicule traversait des paysages verdoyants, j'ai regardé ma petite-fille en lui prenant la main. En l'espace de quelques années, elle s'était métamorphosée en une jeune femme intelligente et curieuse de tout. Pourtant, tandis qu'elle discutait de façon posée avec les agents des Services secrets chargés de notre protection durant ce voyage, je lisais sur ses traits les ultimes traces de son visage rond d'enfant. Elle était suffisamment mûre pour vivre cette expérience, mais elle n'en sortirait pas indemne. Moi non plus. Avec Joe, nous avons toujours pensé que le secret d'une famille unie tient à sa capacité individuelle et collective d'évoluer et de grandir.

*

Je reconnais volontiers que je n'étais pas prête lorsque je suis devenue grand-mère. Ce n'était pas l'arrivée d'un enfant qui me déstabilisait, mais le terme lui-même. Je me sentais bien trop jeune pour ce mot aux relents datés. J'avais le souvenir de grands-mères infiniment plus vieilles que moi, moins par leur âge que par leur regard sur la vie. J'avais toujours voulu devenir une grand-mère calquée sur le modèle de grand-mère Jacobs, à la fois calme et pleine d'assurance, prête à dispenser des conseils et des câlins. À quarante-deux ans, je ne me sentais pas prête à reprendre le flambeau.

Le 21 décembre 1993, Noël s'est présenté en avance chez les Biden lorsque Hunter et Kathleen ont eu leur premier enfant. Nous étions impatients de rencontrer Naomi, à qui son père avait donné le prénom de sa petite sœur disparue. Hunter et Kathleen ont embrassé leur nouveau rôle avec un parfait naturel, s'occupant de Naomi sans inquiétude ni stress. On aurait pu croire qu'ils avaient été parents toute leur vie. Il avait été convenu que Roberta, la mère de Kathleen, serait « grand-mère », et j'ai personnellement choisi de devenir « Nana ». À ma grande surprise, je m'y suis adaptée sans mal.

Naomi était un bébé particulièrement facile, elle respirait la joie de vivre dès sa naissance. J'avais pourtant moi-même été mère, mais je ne m'attendais pas à aimer autant cette enfant. Elle marchait à peine que mon plus grand plaisir était de la prendre avec moi pendant un ou deux jours. Nous nous rendions toutes les deux dans la maison de bord de mer d'une amie dans le New Jersey et je passais des heures à la regarder s'ébattre sur le sable. J'avais oublié à quel point le monde, vu à travers les yeux d'un enfant, peut être magique. Pour Naomi, le moindre coquillage, la moindre vague, le moindre après-midi à la plage était source d'émerveillement.

Finnegan est arrivée ensuite. La deuxième fille de Hunter et Kathleen a hérité du nom de Mom-Mom, Jean Finnegan Biden. À l'image de son homonyme, elle est courageuse et sait ce qu'elle veut. Puis est venue Roberta Mabel, qui porte à la fois le nom de la mère de Kathleen et celui de ma grand-mère préférée, Mabel Jacobs. À sa façon, elle réunit les deux côtés de sa famille. Les enfants ont le don de rassembler en eux des héritages différents jusqu'à former un tout aussi délicat que surprenant. Mon grand-père surnommait sa femme

Maisy, un nom qui a tout de suite convenu à la petite Mabel.

On devient parent du jour au lendemain, mais on apprend son rôle sur le tas. Rien ne peut vous préparer à ce qui vous attend et aux émotions qu'un enfant fait naître en vous. On dit souvent que l'amour d'un enfant est différent des autres formes d'attachement, et c'est le cas. Il coule dans les veines et envahit le cervelet. Cela dit, on évoque moins souvent les peurs qui accompagnent la parentalité. On ne se contente pas de redouter les dangers, on les visualise constamment : une chute dans un escalier ou sur un trottoir, un aliment coincé au fond de leur petite gorge. En dépit de toutes les précautions que l'on peut prendre, les enfants finissent invariablement par se casser une jambe ou se faire une plaie qu'il faut suturer, et l'on se sent coupable de ne pas avoir su les protéger. Élever un enfant est à la fois magique et stressant.

Dans le cas de Naomi et ses sœurs, puis avec les enfants de Beau et Hallie, Natalie et Hunter, je dois bien reconnaître que l'amour a pris le pas sur la peur. Après avoir fixé de nombreuses limites à mes enfants, voilà que je disais oui à tous les désirs de mes petits-enfants. Un dessert le soir ? Pourquoi pas ! Veiller tard avec Nana ? Bien sûr ! Je laissais à leurs parents le soin de les obliger à ranger leur chambre. Il m'importait uniquement de les rendre heureux et de profiter d'eux à chaque instant. Les joies de la parentalité sans les inconvénients.

Les enfants et Joe ne manquent jamais une occasion de remarquer que je suis plus affectueuse avec mes petits-enfants qu'avec n'importe qui d'autre. Je ne sais pas quoi répondre, sinon que c'est une réaction naturelle chez moi. En présence de mes petits-enfants, je me souviens brusquement que la vie peut être inouïe.

Curieusement, je me sens plus jeune. Je ne veux pas manquer la plus petite occasion de nourrir le lien qui me rattache à eux.

*

Lorsque mes enfants ont été en âge de se trouver un conjoint, un seul critère prévalait à mes yeux : que leur compagne ou leur compagnon les aime autant qu'ils le méritaient. Hunter, Beau et Ashley ont eu cette chance en rencontrant Kathleen, Hallie et Howard. Je les aime tous les trois. J'ai conscience qu'il n'est pas aisé de trouver sa place au sein d'une famille aussi unie que la nôtre, et je me suis toujours efforcée de les traiter comme des enfants, et non comme des « pièces rapportées ». Mes parents m'ont montré l'exemple. Ils ont toujours su nous apporter leur soutien sans se montrer envahissants. J'ai soigneusement évité le stéréotype de la belle-mère qui sait mieux que quiconque ce qu'aiment manger ses enfants et me suis retenue de demander à mes belles-filles pourquoi elles ne pliaient pas les chaussettes comme moi.

J'ai compris d'un seul coup pourquoi les conseils de Mom-Mom me paraissaient être davantage que de simples suggestions lorsque j'étais jeune. J'ai eu du mal à me mettre en retrait quand mes enfants ont grandi, avant de me souvenir que Mom-Mom m'avait toujours laissé l'espace dont j'avais besoin. J'ai donc appris à me taire. Je n'ai pas toujours réussi et je reconnais volontiers n'avoir pas toujours été une belle-mère idéale, mais j'espère que les intéressés savent combien je suis heureuse de les avoir dans ma vie.

Un mariage épanoui se construit sur des compromis, mais lorsque mes enfants se sont mariés et, plus encore, lorsqu'ils ont eu des enfants, j'ai compris que ces compromis ne se limitent pas aux décisions prises au sein d'un couple. À mesure que la table familiale s'élargissait, c'était notre tour d'exiger qu'ils viennent à la maison les jours fériés, de nous sentir spoliés lorsqu'ils ne nous amenaient pas nos petits-enfants. Les négociations autour de Noël ont été serrées. Nous avons testé plusieurs formules avant de trouver un compromis acceptable : le réveillon de Noël a lieu chez nous, et le jour de Noël est réservé aux parents des conjoints.

Le réveillon débute traditionnellement par la messe des enfants à St. Joseph (avec la visite obligée du Père Noël) avant de se terminer à la maison par un grand dîner. Je décore la table avec des couronnes, des bougies et des guirlandes lumineuses, puis dépose un petit cadeau dans l'assiette de chacun (une babiole, ou un calendrier aux initiales de la personne concernée, par exemple). Tout le monde dort sur place : les enfants au sous-sol où ils rient jusqu'à point d'heure, les parents dans ce qui reste « leurs » chambres, alors qu'ils n'y vivent plus depuis des décennies.

Le matin de Noël, on procède à l'ouverture des cadeaux et je prépare des sandwiches bacon-œuf-fromage afin que personne ne meure de faim avant de déjeuner chez les autres parents. La maison paraît vide et silencieuse quand tout le monde est reparti et je passe généralement le reste de la journée avec mes sœurs. C'est un compromis idéal.

Ces sacrifices sont salutaires, en fin de compte. Une partie de nous voudrait que nos enfants aient toujours besoin de nous, mais cela impliquerait qu'ils ne grandissent jamais et ne vivent jamais pleinement leur existence. La réussite d'un parent se mesure à sa capacité de préparer ses enfants à prendre leur envol. On s'efforce de leur donner tout ce dont ils auront besoin pour tout donner un jour à leurs propres enfants. Se mettre en retrait est difficile pour un parent, mais c'est un modeste prix à payer s'ils sont heureux.

J'ai également fini par comprendre que si mes enfants n'ont plus autant besoin de moi aujourd'hui, je reste responsable de la cohésion familiale, en particulier vis-à-vis des petits-enfants. Les relations de couple sont compliquées et il arrive qu'elles patinent. Il est terrible de voir souffrir ceux que l'on aime, surtout en présence d'enfants. En dépit des aléas de l'existence, nous avons toujours veillé à ce que nos petits-enfants se sentent aimés et protégés. Notre maison leur est ouverte. Naomi sait qu'elle peut venir le week-end avec des amis, Maisy sait qu'elle pourra travailler tranquillement chez nous si elle en a besoin, le petit Hunter sait qu'il a toujours un endroit pour pêcher s'il le souhaite.

De nombreuses traditions sont nées avec les années, il est de mon devoir de les maintenir. En période de bourrasque, ce sont à elles que nous nous raccrochons.

*

Je n'ai pas la prétention de posséder la sagesse de grand-mère Jacobs, mais j'ai beaucoup appris avec le temps. Je n'ai pas l'habitude de donner des leçons à mes petits-enfants, mais j'adore partager mes passions avec eux. Il me semble que le plus sûr moyen de les aider à trouver leur voie est de continuer à apprendre moi-même.

Lors de notre périple au Congo, Finnegan et moi avions été étonnées de constater qu'en dépit des souffrances qui y sont rassemblées, l'hôpital de Panzi n'est pas triste. À peine franchies les portes de l'établissement, l'atmosphère change. Ce lieu est une oasis d'amour où surviennent des miracles. On y rend la vie aux femmes.

Le docteur Mukwege a un sourire désarmant, une voix grave qui apaise et réconforte ses patientes. En visitant les chambres, nous avons vu des mères jouer avec leurs enfants. Des amis se trouvaient là, des rires éclataient. Après avoir subi des violences inimaginables qui les privaient de leur dignité et altéraient leur santé, les femmes de l'hôpital de Panzi avaient recréé une famille capable de cicatriser leurs plaies. À leurs souffrances insondables succédait une gratitude infinie pour ce médecin qui avait rassemblé les morceaux de leurs vies éparses en recousant leurs plaies, mais aussi pour les sœurs, les tantes et les grands-mères de cœur qui leur permettaient de renaître.

En arpentant ces couloirs à l'air libre, Finnegan et moi avons été frappées par les voix mélodieuses et pleines d'espoir des femmes qui nous entouraient. Au détour d'un bâtiment, nous avons découvert l'incarnation de l'endurance, de la résilience et du bonheur en voyant un groupe de femmes vêtues de jupes et d'écharpes de toutes les couleurs nous accueillir par des chants et des danses. Sans comprendre les paroles, je savais qu'elles traduisaient leur joie. Nous avons d'ailleurs appris par la suite que ce centre de réhabilitation portait le nom de Cité de la joie.

Avant notre voyage au Congo, j'avais prévenu Finnegan qu'elle était libre de s'écarter à tout moment, que rien ne l'obligeait à écouter les horreurs dont on nous dresserait le détail.

Elle a tenu à rester. Elle souhaitait apprendre, décidée à regarder la vérité en face. Quelques années plus tard, elle a choisi de consacrer l'une de ses dissertations à l'hôpital de Panzi. Je suis incroyablement fière de la maturité dont elle faisait preuve aussi jeune, de son incapacité à détourner les yeux, de l'acuité avec laquelle elle se souvient aujourd'hui des leçons apprises ce jour-là, de sa capacité à mesurer les pires bassesses humaines en les confrontant aux trésors de compassion, d'espérance et d'amour qui sont les nôtres.

Joe et moi avons récemment emmené Naomi et Finnegan voir la pièce *Ne tirez pas sur l'oiseau moqueur* à Broadway. En sortant, lors du dîner dans le restaurant italien Carmine's (une tradition qui remonte à leur enfance), nous avons discuté de l'évolution de la société. Les filles sont grandes à présent. Naomi étudie le droit, Finnegan suit des études supérieures, et elles sont très attentives au monde qui nous entoure. C'était à la fois merveilleux et étrange de constater, à la lueur feutrée des bougies, qu'elles étaient devenues adultes. Grâce à elles, je porte désormais un regard différent sur le monde.

Le même phénomène s'est produit il y a peu avec le petit Hunter. À l'image de Beau, Hunter est fasciné par tout ce qui touche à l'armée. Le jour de l'inauguration de l'*USS Delaware*, dont j'ai eu l'honneur d'être la marraine, il a tenu à m'accompagner. Nous avons visité l'atelier où devait être assemblé un sous-marin d'attaque de la classe Virginia et il a bombardé notre guide de questions pertinentes. Vêtu d'une veste bleu marine et d'une cravate, il paraissait nettement plus âgé que ses dix ans. Il rayonnait littéralement lorsque les ouvriers ont soudé mes initiales sur une pièce en acier qui servirait à la fabrication du sous-marin. On discerne déjà chez lui la même force tranquille qui caractérisait son père. Je revois Beau quand je le regarde, ce qui me donne le sentiment de retrouver un peu de mon fils. Chaque fois que je m'occupe de lui, c'est moi qui en sors enrichie.

C'est vrai de tous mes petits-enfants. Ils me permettent de voir différemment des éléments de vie que je croyais connaître. Ils m'étonnent constamment. Ils me rappellent le chemin parcouru, ainsi que les rituels qui nous aident à ne jamais oublier ce périple. À travers eux naissent de nouveaux moments de grâce, de nouvelles traditions. Leur présence permet à notre famille de continuer à grandir et se souder, ils me rendent pleinement l'amour que je leur ai donné depuis tant d'années.

En tant que mère, belle-mère et grand-mère, je suis consciente d'avoir commis des erreurs. Chaque année pourtant, à l'heure de préparer la table pour Thanksgiving ou Noël, à mesure que le nombre des convives s'amenuise ou croît, j'éprouve une reconnaissance intacte pour ma famille, pour les moments que nous avons partagés. Et quand je pense à mes petits-enfants, je mesure ma chance d'apprendre d'eux et de les aimer. J'ai beaucoup de chance d'être leur Nana.

14

DES AMIS QUI FONT PARTIE DE LA FAMILLE

Un grand nombre de ceux qui ont compté pour moi sont entrés dans ma vie par hasard. Au même titre que Joe a bouleversé mon existence en me téléphonant un jour, certaines personnes débarquent sans crier gare. Du jour au lendemain, ce sont des amis que j'ai l'impression de connaître depuis toujours et dont je ne pourrais plus me passer.

Lorsque nous nous sommes installés à Washington, j'y voyais une occasion unique de changer la vie de notre entourage : nos voisins de Wilmington et Willow Grove, mes étudiants, les familles des soldats rencontrées par le biais de DBOTG. En revanche, j'étais loin de me douter que nous nous forgerions des amitiés aussi essentielles.

Ma première rencontre avec Michelle Obama remonte au début des primaires de 2007, à l'occasion d'un débat entre les candidats démocrates. Les conjoints de ces derniers étaient assis les uns à côté des autres et je dois dire que nous formions un ensemble assez disparate. Michelle et moi nous sommes saluées avec l'amabilité rigide de rigueur, comme si nous pensions intérieurement : « Ravie de te rencontrer, j'espère que ton mari fera une prestation exécrable. » J'ai pourtant trouvé Michelle agréable et chaleureuse, alors que nos époux allaient s'affronter. Elle s'est même penchée vers moi en me complimentant sur mes chaussures.

Michelle m'a téléphoné pour me féliciter lorsque Joe a été choisi pour la vice-présidence, et je l'ai revue peu après à Springfield, lorsque son mari a officialisé la nouvelle. J'ai gardé un souvenir précis de ce moment. Elle portait une robe à manches mi-longues avec des motifs floraux violet et gris dans le style naturellement chic et simple que tout le monde lui associe désormais. Comme moi, elle avait un travail et ne convoitait nullement le rôle de Première Dame, mais elle apportait un soutien sans faille à Barack dont elle était convaincue qu'il ferait un excellent dirigeant. Pendant que nos maris respectifs s'exprimaient sur scène, elle s'est tournée vers moi et m'a demandé :

— Jill, avez-vous réfléchi aux projets que vous aimeriez mener à bien si nous gagnons ?

La réponse était toute trouvée, du fait de mon implication croissante auprès des proches de nos troupes.

— J'aimerais me consacrer aux familles de soldats.

— Moi aussi ! s'est-elle exclamée, et le courant est passé instantanément entre nous.

Quelques instants plus tard, alors que Joe achevait son discours, nous avons rejoint nos maris sur l'estrade bras dessus bras dessous. J'étais encore loin de me douter que les Obama deviendraient bien davantage que des colistiers ou des collègues, mais de vrais amis qui trouveraient leur place dans notre famille.

*

L'hôpital Walter Reed de Washington est un établissement qui accueille essentiellement des militaires, de hauts fonctionnaires fédéraux, ainsi que les membres du Congrès. Au plus fort des conflits en Irak et en

Afghanistan, on y soignait un nombre important de blessés de guerre des deux sexes. À l'image de beaucoup d'élus et de leurs épouses, je leur rendais visite tous les mois depuis l'inauguration.

À Walter Reed, un nombre trop élevé d'individus débordant d'énergie apprennent à accepter la perte d'un bras ou d'une jambe, à s'adapter aux impératifs d'un quotidien bouleversé par leur mobilité réduite. Il est pénible de voir des gens aussi jeunes, que l'on imaginerait plus volontiers courir le marathon ou pédaler dans les rues de leur quartier avec un enfant sur leur porte-bagage, se retrouver cloués dans un lit. Leurs conjoints, qui ont souvent la charge des tout-petits alors qu'ils terminent leurs études ou entrent tout juste dans la vie active, passent généralement leur temps à l'hôpital.

Âgés de vingt ou vingt-deux ans, les blessés et leurs conjoints sont amenés à prendre des décisions difficiles qui rebuteraient plus d'un sexagénaire. Il leur faut beaucoup de courage pour accepter la nouvelle réalité qui s'ouvre à eux. Je ne compte plus les occasions où je me suis dit, en voyant l'un de ces couples : *Le drame qui les frappe va bouleverser leur vie à jamais*. Et puis, quelques mois plus tard, non seulement ils s'en étaient sortis contre toute attente, mais ils aidaient les nouveaux blessés à reprendre courage.

C'est lors de l'une de ces visites que j'ai rencontré Brian et Brianna Mast. Brian avait perdu les deux jambes au niveau du genou et Brianna s'occupait de lui tout en élevant leur petit garçon nouveau-né. La première fois que je les ai vus, j'ai pris la mesure de leur force d'âme. Brian avait décidé d'apprendre à se servir au mieux de ses prothèses afin de continuer à mener une vie active. Brianna était constamment à ses côtés à chaque rendez-vous avec les médecins, à chaque séance de kiné. Lorsqu'il avait mauvais moral, elle ne le laissait jamais s'enfoncer dans la dépression. Elle le poussait sur son fauteuil roulant dans les couloirs de l'hôpital, le bébé attaché à elle, et il suffisait de voir la façon dont il tenait la main de sa femme, dont il la regardait lorsqu'il évoquait les difficultés liées à sa convalescence pour comprendre qu'il tirait d'elle son énergie.

À l'image de Brianna, beaucoup de conjoints sont devenus du jour au lendemain de véritables experts du système de santé et des droits des anciens combattants.

De façon paradoxale, en dépit du nombre de malades qui s'accrochaient à la vie entre ses murs, l'hôpital Walter Reed n'était pas un endroit triste. On prenait conscience des miracles de la médecine moderne en serrant la main électronique d'un héros de guerre. Dans l'immense majorité des chambres, on sentait l'optimisme et l'esprit de résistance de soldats imperméables à la défaite, incapables de laisser le drame qui les frappait prendre le pas.

Un an après avoir fait la connaissance de Brian et Brianna, j'effectuais une visite à Walter Reed lorsque l'on m'a présenté un autre soldat qui avait perdu ses deux jambes. Il m'a expliqué que pendant un certain temps, il avait pensé exclusivement à tout ce qu'il ne serait plus jamais capable d'accomplir. La souffrance et le deuil avaient pris le dessus et il cédait au désespoir, jusqu'au jour où un autre soldat l'a pris sous son aile. Ils suivaient des séances de kiné ensemble, jouaient au ballon dans le gymnase de l'établissement grâce à leurs fauteuils roulants. Peu à peu, il avait compris que sa vie n'était pas fichue, son nouvel ami lui avait rendu l'espoir. L'ami en question n'était autre que Brian.

Un an après le drame qui l'avait touché, Brian était en pleine forme. Il s'était trouvé une nouvelle mission :

aider ses frères et sœurs d'armes à s'en sortir. Il n'avait jamais pensé s'impliquer sur ce champ de bataille, c'est pourtant celui sur lequel il était le plus utile.

J'ai alors compris que je n'allais plus à Walter Reed par obligation en tant que Deuxième Dame, mais parce que je prenais plaisir à passer du temps en compagnie de ces familles qui faisaient désormais partie de mon cercle. Je n'éprouvais aucune difficulté à rencontrer de nouvelles personnes, au point qu'avec l'aide de mes équipes et de quelques amis, j'ai décidé d'organiser des dîners à l'hôpital.

Nous apportions de vraies nappes et des bougies (un dîner sans bougies n'est pas un dîner) et chacun préparait un plat : un ragoût de poulet ou bien un chili accompagné de pain de maïs. Il nous arrivait de venir accompagnés d'un chef réputé tel que Chef Geoff, Sunny Anderson, ou Sam Kass, et d'inviter des femmes de sénateurs ou d'officiers. Il s'agissait d'offrir aux blessés et à leur famille un peu de l'existence normale qu'ils avaient connue avant leur séjour en Irak ou en Afghanistan.

L'étape suivante consistait à les aider à rentrer chez eux.

Au cours de la première année de présidence Obama-Biden, deux de mes assistants, Kirsten White et Carlos Elizondo, ont imaginé une nouvelle initiative le lundi précédant Thanksgiving. Nous avons demandé à l'hôpital de nous fournir une liste de patients capables de voyager, ainsi qu'un bus pour eux et leurs proches. Nous avons acheté d'énormes dindes et, grâce au savoir-faire de mes aides de camp, nous avons préparé tout le nécessaire dans notre cuisine géante : de la farce, de la purée de pommes de terre, des patates douces, de la sauce aux airelles, des haricots verts aux oignons, des tartes aux pommes et à la citrouille, le tout arrosé de quelques bouteilles de vin, avec des citrouilles et des courges en guise de décoration.

Quelles que soient nos origines culturelles ou sociales, la nourriture reste un élément de langage commun. À mon sens, la nourriture est synonyme d'amour. Ainsi que l'exprimait le grand Anthony Bourdain[1] : « On n'arrive pas à imposer la paix dans le monde grâce à la cuisine, mais c'est un premier pas. » Ouvrir notre maison aux blessés et à leurs familles le temps d'un repas était encore la plus belle façon de leur manifester notre soutien.

À leur arrivée, nos invités affichaient une certaine nervosité, de sorte que Joe et moi avions prévu de les attendre sur le pas de la porte. Tous étaient sur leur trente-et-un, preuve qu'ils prenaient cet événement à cœur. Après tout, ils avaient rendez-vous avec le vice-président des États-Unis et la Deuxième Dame. Un aumônier militaire entamait le repas par une belle prière et chacun commençait à manger de façon guindée. En fin de soirée, les enfants couraient dans tous les sens en riant pendant que leurs parents discutaient sans complexe en grignotant une seconde part de tarte. À la lueur de la bougie, nous formions une grande famille.

La première année, nous avons invité la mère d'un jeune homme plongé dans le coma après avoir été blessé à la tête lors d'une explosion. Elle avait prévu de se joindre à nous, mais a préféré rester au chevet de son fils lorsqu'il a été pris d'une forte fièvre. J'ai pensé à elle toute la soirée et le dernier invité reparti, j'ai voulu accomplir une dernière mission. Avec l'aide de Carlos,

1. Ce cuisinier américain (1956-2018) s'est rendu célèbre grâce à ses ouvrages culinaires et ses émissions de télévision.

mon assistant, de nos aides de camp et de plusieurs membres de nos équipes, nous avons apporté les restes à l'hôpital. Contrairement aux autres chambres de Walter Reed, éclairées par des néons, celle du fils de cette femme était plongée dans la pénombre, comme si son inquiétude était venue affaiblir la lumière de la pièce. Elle a accepté les restes et m'a serrée dans ses bras sans un mot. Au moment où je repartais, elle a souri.

— J'aimerais vous présenter mon fils, m'a-t-elle proposé d'une voix douce.

J'ai retenu un haut-le-corps. Le crâne du blessé dessinait un creux à l'endroit où avait été emporté un pan osseux, ses orbites étaient noires et creusées. Nul besoin d'un médecin pour m'expliquer qu'il oscillait entre la vie et la mort. Postées de part et d'autre du lit, nous avons longuement observé son fils. Elle m'a demandé de prier avec elle et nous nous sommes tenu la main au-dessus de lui en implorant Dieu. Les lèvres pincées et la respiration heurtée de cette femme trahissaient sa souffrance. Notre prière terminée, j'ai contourné le lit pour la prendre dans mes bras. Je serais incapable de décrire ce qui s'est passé entre nous à cet instant, peut-être un lien particulier s'était-il établi entre deux mères dont les fils étaient partis à la guerre. En tout état de cause, aucune parole n'aurait pu traduire ce que nous éprouvions. Je l'ai laissée avec son fils pour regagner en silence le véhicule des Services secrets.

Un autre dîner de Thanksgiving a eu lieu un an plus tard. Cette mère avec laquelle j'avais partagé ce moment si particulier n'était plus là, de sorte qu'elle n'a pu se joindre à nous, mais un beau jeune homme coiffé d'une casquette rouge vif a pu me parler d'elle. Drôle et bavard, il était venu accompagné d'une jolie jeune femme. C'est seulement lorsqu'il a retiré son couvre-chef que je l'ai reconnu au carré de boîte crânienne qui lui manquait. Il avait survécu à ses accès de fièvre, son coma et ses blessures et paraissait mener une existence normale. Je l'ai serré contre moi en lui demandant de saluer sa mère de ma part, puis j'ai prononcé intérieurement une prière de reconnaissance pour lui et les siens.

Nous avons poursuivi cette tradition pendant huit ans et même organisé un barbecue chaque été, ainsi qu'un arbre de Noël pour les enfants. Nous avons mis sur pied un événement comparable avec l'appui de United Through Reading[1], une association formidable qui permet aux troupes déployées sur le terrain de rester en contact avec leurs enfants grâce au livre. Un père de famille en mission en Irak a ainsi pu lire le poème *'Twas the Night Before Christmas* à tous les élèves de cours moyen de la classe de son fils par le biais de Skype. La plupart des enfants n'ayant aucun parent dans l'armée, ils ont été ébahis de voir apparaître à l'écran le père de leur petit camarade. L'épouse du militaire et leur autre petit garçon de trois ans étaient également présents. Quand le visage de son père est apparu, l'enfant s'est mis à crier « Papa ! Papa ! ». Les deux frères étaient tout fiers que la classe découvre leur père, les autres enfants regardant ce soldat comme s'il s'agissait d'une star. Cette modeste action avait permis de transformer la solitude et l'inquiétude de ces enfants en un moment de fierté et d'amour.

Chaque fois que nous rendions visite à nos troupes, nous mangions avec les soldats. De Fort Carson à Fort Pendleton, de Berlin à Bagdad, nous avons ainsi partagé le repas de ces hommes et ces femmes qui servaient sous les drapeaux. Un partage tout simple qui permettait

---

1. « Unis par la lecture ».

d'établir entre eux et nous des liens presque familiaux. Nous avions trouvé le moyen de nous sentir chez nous partout où nous allions.

*

Beau a été stationné en Irak tout au long de notre première année de vice-présidence. J'avais engagé à ce stade divers projets avec les familles de nos troupes, mais la présence de mon fils aîné sur le terrain me permettait de comprendre ce que pouvaient ressentir leurs proches. Leur père manquait beaucoup à Natalie et au petit Hunter, bien sûr, mais c'était loin d'être la seule conséquence de l'absence de Beau. Il n'était pas en mesure de participer aux fêtes de l'école, de les embrasser le jour de leur anniversaire, et même s'il gardait le contact avec Skype et si nous nous efforcions tous d'entourer ses enfants de beaucoup d'amour, sa chaise restait désespérément vide à table.

À son retour d'Irak, il a partagé avec nous les histoires des hommes et des femmes incroyables avec lesquels il avait servi, ce qui a renforcé mes liens avec les familles de militaires. J'avais désormais l'impression d'appartenir à la même communauté. En 2010, nous avons décidé avec Joe de passer le 4 Juillet en Irak avec nos troupes. Ce n'était pas la première fois que nous nous rendions sur une base à l'étranger à l'occasion de la fête nationale, nous nous étions notamment rendus à Berlin un an plus tôt, mais l'Irak était un univers bien différent.

Dans le ciel hostile de Bagdad, les avions décrivaient des cercles concentriques au moment de l'atterrissage, donnant l'impression de descendre un escalier en colimaçon. Il s'agissait d'empêcher un ennemi potentiel de prendre un avion pour cible avec un missile antiaérien. Cette descente en spirale était très déstabilisante et j'étais complètement désorientée lorsque Joe et moi avons foulé le sol irakien.

Un véhicule blindé nous a conduits jusqu'à Camp Victory, installé dans un ancien palais de Saddam Hussein. Des nuées de soldats en tenue camouflage circulaient au milieu de mobilier militaire dans une succession de pièces rythmées par des colonnes de marbre noir rehaussées de fines décorations dorées. La chambre qui nous avait été affectée dans un bâtiment couleur sable situé en face du palais, de l'autre côté d'un étang, avait conservé des traces de l'opulence qui régnait dans ce lieu luxueux à l'époque de Saddam. Elle était meublée à présent de six couchettes et de toilettes de campagne. Malgré la chaleur étouffante, nous avons voulu visiter le palais, avec ses lustres étincelants et ses dômes ouvragés. C'est dans ce décor que Joe et le général Raymond Odierno devaient procéder le lendemain à une cérémonie de naturalisation pour les soldats déployés en Irak qui ne possédaient pas encore la nationalité américaine.

Au cours de cette promenade, nous avons croisé un groupe de généraux. L'un d'eux m'a parlé de sa fille de six ans. Lors de la fête de Noël de l'école, une de ses camarades avait éclaté en sanglots en entendant l'*Ave Maria*. En consolant l'enfant, la maîtresse avait compris que cette œuvre avait été jouée à l'enterrement de son père, tué au combat en Irak. Personne à l'école ne savait que cette petite était la fille d'un soldat.

Cette histoire m'a empêchée de dormir cette nuit-là. Comment cette enfant avait-elle pu porter secrètement en elle un tel chagrin sans que les adultes de son entourage en prennent conscience ?

J'ai alors pris la décision d'aider tous les enfants de nos soldats, dont faisaient partie Natalie et le petit Hunter.

À ma grande surprise, il n'existait aucun livre pour enfants évoquant l'éloignement des soldats. J'ai donc décidé d'en écrire un.

J'ai commencé par en discuter avec Natalie. Âgée de sept ans à l'époque, elle comprenait mieux la situation que Hunter, qui n'avait que cinq ans. Elle préparait des cookies qu'elle glissait dans les colis envoyés à son père et veillait à ce que le nom de Beau figure sur la liste de ceux pour lesquels on priait à son église. Elle avait même montré à son père dans une vidéo la dent de lait qu'elle venait de perdre. Ensemble, nous avons mis au point les histoires racontées dans le livre *Don't Forget, God Bless Our Troops*[1], dont le titre est une référence aux prières que nous faisions avec les enfants en les couchant le soir. Un récit marqué par l'attente, la fierté, parfois aussi la tristesse. Le récit de l'amour partagé par Natalie et son père. Sur chaque page figurait le leitmotiv qui l'a aidée tout au long de cette année de séparation : *Sois courageuse, Natalie.*

*

Michelle et moi avons œuvré pour les familles de militaires en nous rendant sur les bases et en organisant des séances d'écoute avec des spécialistes. Il était essentiel de laisser s'exprimer les conjoints et les enfants. Une fois les problèmes identifiés, nous avons lancé l'association Joining Forces en nous intéressant aux trois principaux défis auxquels sont confrontées les familles : l'éducation, la santé et l'emploi.

Ces déplacements m'ont permis de nouer des liens privilégiés avec Michelle. Notre solidarité est devenue inaltérable.

---

1. « N'oubliez pas, et que Dieu bénisse nos troupes ».

Nos maris respectifs n'étaient pas en reste.

Comme nous, les Obama trouvaient très amusants les échos qui circulaient autour de leur amitié fusionnelle. Un auteur a même mis Joe et Barack en scène dans un roman policier ; les rumeurs sont rarement totalement infondées, mais je peux vous assurer qu'ils n'ont jamais enquêté ensemble sur un meurtre. Ce qui ne les empêche pas d'être très attachés l'un à l'autre.

Nous sommes parfaitement complémentaires tous les quatre, professionnellement et personnellement. Surtout, nous nous apprécions énormément. Nous avons le même sens de l'humour sarcastique. Nous aimons lire et tous les sports nous passionnent. Au cours des nombreux déplacements effectués ensemble, nous avons passé notre temps à rire en partageant des histoires de famille. Sans oublier l'habitude que Michelle et moi avons de nous moquer gentiment de nos illustres maris.

Les Obama ont donné naissance à un véritable mythe, mais derrière la façade, ces gens extraordinaires sont tout à fait ordinaires. Comme nous tous, ils forment une famille qui fait de son mieux. En dépit de la charge qui les écrasait (la sécurité nationale, les combats politiques, un programme ambitieux), ils ont su préserver leur couple. Exactement comme Joe et moi.

Nous nous sommes accordés sur une règle élémentaire : quoi qu'il advienne, même en pleine crise, nous décrochions si l'un ou l'autre de nos enfants appelait. Nous restions des parents et des grands-parents avant tout. Si Ashley participait à un événement important à Wilmington, nous nous arrangions pour être présents. Ce n'était pas toujours facile pour mes équipes de bousculer mon agenda, mais ils savaient que c'était un impératif à mes yeux. Et cela ne concernait pas uniquement les enfants. Aujourd'hui encore, si l'une de mes sœurs tombe malade, elle m'appelle afin que je lui conseille un médecin. Si elle a besoin d'être véhiculée, je trouve une solution. En tant qu'aînée, il est de mon devoir de prendre le relais de notre mère. Notre famille nous définit, nous étions bien conscients à notre arrivée à Washington qu'il n'était pas question d'y renoncer.

Barack et Michelle partageaient ce point de vue. La mère de Michelle, la très affectueuse et chaleureuse Marian Robinson, s'est installée à la Maison-Blanche avec eux. Joe et moi avions déjà perdu nos mères respectives, et Marian a pris leur place. Pendant ce temps-là, Naomi, Finnegan et Maisy fréquentaient le même établissement scolaire que Sasha et Malia, les filles de Barack et Michelle. Maisy jouait au basket avec Sasha, et il arrivait à Barack d'entraîner leur équipe (il a même expliqué un jour aux joueuses de l'équipe olympique de basket que Maisy était une « *baller*[1] », ce qui l'a à la fois ravie et gênée). Barack et Michelle rataient rarement un match des filles, comme nous. En pareil cas, le gymnase débordait d'agents des Services secrets, d'assistants et de conseillers rivés à leur BlackBerry. Quant aux Obama et aux Biden, loin d'être sagement installés dans les tribunes, ils encourageaient bruyamment les joueuses au même titre que les autres parents.

Nos vies à Washington relevaient de l'extraordinaire, ce qui ne nous empêchait pas de nous aménager des créneaux familiaux à peu près normaux. Dans mon cas, cette normalité passait par un groupe d'amis avec lesquels je prenais le temps de rire et de partager des moments forts. Quel que soit le contexte, le partage de telles expériences avec les Obama nous a rapprochés.

1. Ce terme désigne à la fois un joueur de basket et, dans le langage de la rue, un voyou qui a réussi, à l'image de certaines stars des terrains.

Nous nous sentions en famille avec eux, ce qui m'a énormément aidée lorsque le drame a frappé à notre porte.

*

Lorsqu'on lui a diagnostiqué un glioblastome (un cancer du cerveau aussi rare qu'agressif) en 2013, Beau souhaitait n'en parler à personne tant que nous ne serions pas fixés sur la suite. Joe et moi avons respecté ce vœu, tout comme Hunter et Ashley, de sorte que n'ont été au courant pendant des mois que ses médecins et son entourage immédiat. À un moment, nous avons compris qu'il nous fallait en parler à Barack et Michelle, d'autant que nous passions énormément de temps avec Beau et sa femme Hallie, entre les rendez-vous médicaux et les périodes de traitement. Ils ont longtemps été les seuls dans la confidence, et la nouvelle les a bouleversés autant que nous. Sans en parler à quiconque, ils veillaient à nous réconforter en toute occasion. Pendant ce temps, Joe et moi continuions de mener une double vie en dissimulant nos souffrances intérieures derrière des visages souriants.

Leur amitié a beaucoup compté pour nous tout au long de ces heures sombres. Ils faisaient partie de la famille et le président Obama a tenu à évoquer la force de ces liens dans l'éloge funèbre qu'il a prononcé aux obsèques de Beau :

> *Je peux vous dire que Michelle, Sasha, Malia et moi faisons partie du clan Biden. Nous en sommes désormais des membres honoraires. Le code qui régit la famille Biden nous concerne pleinement à ce titre : Nous serons toujours là pour vous.*
> *Parole de Biden.*

15

EN MIETTES

La foi voit mieux dans l'obscurité.

Søren Kierkegaard

J'étais convaincue que Beau s'en tirerait. Pendant plus d'un an, je l'ai vu se battre contre son cancer. La chimiothérapie a été pénible. Il a subi opération sur opération. Lui qui était toujours si sportif a perdu ses muscles à mesure que s'écoulaient les mois, que la douleur devenait progressivement insoutenable. Pourtant, il n'a jamais perdu le regard positif qu'il portait sur la vie.

— Tu verras, ça va s'arranger, me disait-il sur son lit d'hôpital.

Alors j'ai espéré.

J'étais sûre au fond de moi qu'il réussirait à vaincre la maladie. C'est vrai, il avait une chance sur cent, mais Beau était invincible. C'était un être unique. Je pensais qu'à condition d'y croire suffisamment fort, de prier suffisamment fort, nous surmonterions cette épreuve tous ensemble. Ce n'était pas la première fois que notre famille était confrontée à un défi. Alors je n'ai jamais renoncé à espérer. Une mère ne renonce jamais.

Je ne sais pas comment je pourrais exprimer ce que j'ai ressenti à sa mort. Les mots sonnent creux. Rien ne saurait traduire le sentiment de perte que nous éprouvions. Rien ne pourrait décrire l'enfer que nous avons vécu. Ashley et Hunter ont parlé à son enterrement. Leur force et leur calme m'ont subjuguée. Hunter était le meilleur ami et le point de repère de Beau, c'est lui qui nous a aidés à traverser cette période terrible. Il n'a jamais quitté le chevet de son frère qu'il ne cessait d'encourager. À la mort de son aîné, Hunter a perdu une moitié de lui-même, ce qui ne l'a pas empêché de garder la tête haute en notre nom à tous, une fois de plus. Il s'est adressé à moi dans son intervention : « Tu as su guérir nos cœurs autrefois. Tu sauras nous reconstruire cette fois encore. » J'aimerais pouvoir lui donner raison, mais je ne suis pas certaine d'en être capable. J'aimerais pouvoir reconstruire cette famille en miettes, mais je me sens brisée moi-même et je ne sais par où commencer.

Peu après les obsèques, nous nous sommes retrouvés en famille en Caroline du Sud dans la maison d'amis proches, à Kiawah Island. Les dernières semaines de la maladie de Beau avaient été éprouvantes et nous avions besoin de nous ressourcer. Les habitants de Wilmington nous avaient manifesté une affection sans borne, mais nous étions incapables de traverser la ville sans voir Beau partout. Nous avions le sentiment d'étouffer. L'ombre de sa mort planait au-dessus de tout. En dépit de la famille proche et de nos amis, nous étions prisonniers de notre chagrin. Nous avons donc décidé de nous rendre au bord de la mer avec nos enfants et nos petits-enfants, portés par l'espoir que la pureté de l'air marin nous aiderait.

Une fois sur place, nous avons été rattrapés par le massacre qui avait eu lieu à l'Emanuel AME Church, un temple méthodiste de Charleston, à une heure de route au sud de notre lieu de vacances. Nous avons suivi ce drame à la télévision. Les membres du groupe biblique local avaient accueilli le tueur à bras ouverts, ils avaient passé une heure ensemble à prier et commenter les Écritures. Tywanza Sanders, qui était âgé de vingt-six ans, avait agi en héros en s'efforçant de sauver sa grand-tante. Son dernier message sur les réseaux sociaux était édifiant : « Une vie n'a d'importance que si elle a un impact sur celle des autres. » Les détails de ce carnage étaient tous plus terribles les uns que les autres.

Vingt jours après avoir prononcé l'éloge funèbre de Beau, le président Obama effectuait le déplacement en Caroline du Sud afin de saluer la mémoire du pasteur du temple Emanuel, le révérend Clementa Carlos Pinckney, et nous avons souhaité l'accompagner.

Clem, ainsi que l'appelaient ses amis, avait cinq ans de moins que Beau. Il avait été élu à la Chambre des représentants de Caroline du Sud avant de devenir sénateur de ce même État. Il mettait sa foi au service de son travail pastoral aussi bien que de son engagement politique. En entrant dans le lieu où se déroulait la cérémonie en mémoire des victimes, j'avais la gorge nouée. Nous sommes allés nous asseoir et je me suis sentie emportée par les hymnes gospel de la chorale, comme cela avait été le cas près d'un mois auparavant à la messe d'enterrement de Beau à l'église St. Anthony de Wilmington. Ces cantiques véhiculaient un message à la fois amer et plein d'espoir. Tous ceux qui m'entouraient avaient profondément souffert, pourtant on sentait la joie de ces gens rassemblés pour célébrer la vie du révérend Pinckney. Leur foi semblait intacte, j'aurais aimé la partager avec eux, mais je ne parvenais pas à la retrouver.

*

Lorsque j'étais enfant, mes parents, des « agnostiques réalistes » proclamés, ne nous ont jamais emmenées à l'église, moi et mes sœurs, contrairement à mes deux grands-mères qui s'y rendaient tous les dimanches. Grand-mère Jacobs dans une congrégation baptiste, Ma Godfrey chez les presbytériens. Je les accompagnais avec Jan et Bonny quand nous leur rendions visite, et j'avais une préférence pour le petit temple de Ma Godfrey dont j'aimais les vitraux et l'atmosphère sombre. C'était une chapelle modeste, mais ses vieux bancs de bois trahissaient sa longue histoire. Elle avait accueilli bien des baptêmes, des mariages, des enterrements, et tout ce que peut compter un sanctuaire en miracles du quotidien. J'adorais écouter Ma chanter des cantiques de sa puissante voix d'alto. *His eye is on the sparrow, and I know he watches me*[1].

À mon entrée au collège, nous avons cessé de nous rendre les week-ends chez mes grands-parents ; j'étais heureuse de pouvoir consacrer davantage de temps à mes amis, mais les offices religieux de Ma me manquaient, si bien que j'ai fini par dénicher un temple proche de notre maison de Willow Grove. Avec sa façade de granit et son clocher élancé, le vieux temple presbytérien d'Abington était aussi beau que la chapelle de Ma. L'élégance du bâtiment n'en était pas moins accessoire à mes yeux, je m'y rendais pour écouter les sermons de l'officiant à la lumière des cierges, partager le pain et le vin, plus généralement baigner dans une atmosphère qui me dépassait. Chaque fois que je priais, j'étais en lien avec Dieu. La

1. « Si Dieu peut voir un moineau, Il me regarde aussi. » Ce célèbre gospel américain, composé au début du XXe siècle, tient son titre d'une phrase prononcée un jour en présence de la parolière Civilla Martin par un ami handicapé.

prière m'apportait une forme de paix, et j'ai sacrifié à ce rituel à de nombreuses reprises au cours de mon existence.

Je parlais rarement de ma foi, dont j'estimais qu'elle était un sentiment intime, mais le jour où la congrégation d'Abington m'a proposé de participer aux cours de catéchisme, j'ai accepté. J'ai été confirmée à seize ans et ma mère a même tenu à assister à la cérémonie, ce qui m'a étonnée. Sans le moindre encouragement de ma part, Jan et Bonny ont imité mon exemple, preuve que nous éprouvions toutes les trois un besoin de spiritualité.

À la mort de Beau, Joe s'est appuyé sur sa foi catholique, qui fait partie intégrante de son être. La phrase de Kierkegaard, « La foi voit mieux dans l'obscurité », est gravée dans son cœur. La religion est pour lui une lumière intérieure qui le guide à travers les difficultés de l'existence. Je connais plus d'un parent qui a trouvé la consolation au sein d'une église après la disparition d'un enfant. Peut-être est-ce lié à la perspective de retrouver l'être aimé un jour, à moins que ce ne soit une façon apaisante d'accepter la sagesse d'un être suprême, ou encore le réconfort lié aux Écritures et au rituel religieux.

Comme l'a écrit Walt Whitman : « Certains êtres irradient la lumière. » C'était le cas de Beau et sa disparition me laisse aveugle dans l'obscurité. Je me sens perdue dans ce vide, incapable du moindre mouvement.

L'une des dernières fois où j'ai prié, j'étais submergée par le désespoir en voyant Beau nous échapper, et mon appel n'a pas été entendu. Depuis, je n'y arrive plus. Les vitraux qui me touchaient tant autrefois ne diffusent plus qu'une froide lumière colorée qui refuse de m'éclairer et laisse vide sa place à la table de l'eucharistie.

*

J'avais conscience que cet hommage au révérend Pinckney serait une étape difficile, mais j'ai tenu à y assister. J'ai repensé à la mère de Tywanza Sanders, qui l'avait vu mourir sous ses yeux, et mon cœur saignait pour elle. Je me suis demandé ce qu'aurait fait Beau en pareille situation. C'est simple : il aurait répondu présent. Sa force d'âme m'a guidée tout au long de ma vie, je devais donc me montrer forte pour les autres. J'entendais être la personne qu'il aurait voulu que je sois. C'est aussi en repensant à la détermination de ma propre mère que j'ai trouvé le courage d'être là.

Personne ne se doutait que le président Obama chanterait l'hymne *Amazing Grace* pendant son intervention. L'émotion, la bonté et l'humilité de cet homme qui était le dirigeant le plus puissant de la planète ont fait de ce moment un instant inoubliable. Nous étions tous réunis ce jour-là par la grâce, l'amour, et notre fidélité au combat contre le mal. L'émotion était telle que j'ai cru que mon cœur allait éclater.

La cérémonie achevée, le président, la Première Dame, Joe et moi avons été présentés aux familles des neuf victimes de Charleston : Cynthia Marie Graham Hurd, qui dirigeait la bibliothèque du comté de Charleston ; Susie Jackson, une membre de la chorale appréciée de tous ; Ethel Lee Lance, sacristain du temple Emanuel ; DePayne Middleton, pasteure et aumônière des étudiants de la Southern Wesleyan University ; Tywanza Sanders, un héros de vingt-six ans, petit-neveu de Susie Jackson ; Daniel Simmons, un pasteur qui officiait également au temple Greater Zion AME ; Sharonda Coleman-Singleton, orthophoniste et coach au lycée Goose Creek ; Myra Thompson, l'animatrice du groupe biblique ; et Clem Pinckney.

La disparition de ce petit groupe de croyants laissait un vide dans leurs familles, au sein de la congrégation et, plus généralement, dans la ville de Charleston.

Leur mort, et le poids du mal que celle-ci symbolisait, auraient suffi à ébranler la foi de n'importe qui.

Nous avons étreint les proches des victimes qui nous ont parlé des disparus d'une voix feutrée. Nous avons prononcé les mots que nous avions entendus dans la bouche de tant de personnes depuis un mois : « Je suis désolée », « Il a marqué tous ceux qui l'ont connu », ou encore « Nous prions pour votre famille ». C'était à la fois difficile et apaisant. Ces mères, ces pères, ces sœurs et ces frères mesuraient mieux que quiconque notre propre chagrin. Ils comprenaient la signification de nos sourires forcés et de nos regards un peu trop appuyés, des soupirs que nous laissions échapper. À bien des égards, nous étions comme eux.

J'avais l'impression d'être perdue dans un souterrain obscur et de sentir brusquement la présence d'autres explorateurs de ce monde de ténèbres. Notre chagrin était froid et muet. Aucun de nous ne savait comment il pourrait un jour reprendre le cours d'une vie normale, comment nos familles pourraient guérir, mais nous savions que nous n'étions pas les seuls à nous interroger, à chercher désespérément la force de remonter vers la lumière.

*

Partout autour de nous, au travail comme dans les magasins ou les jardins publics, survit la fraternité de ceux qui ont perdu un fils ou une fille. Aux yeux des autres, nous avons l'air normaux, nous paraissons indemnes. Mais à la façon des membres d'une organisation secrète, il m'arrive de les identifier à leur regard triste, à leurs épaules voûtées qui portent à jamais le poids d'un petit accroché à leur cou. Je croise leur route lors d'un meeting ou d'une réunion publique. Récemment, je me trouvais chez une manucure lorsqu'une femme s'est approchée, en larmes. J'ai compris avant même qu'elle ouvre la bouche.

— Je suis la mère d'un soldat mort en Irak. Je voulais vous montrer la photo de mon fils.

Elle a tiré de son sac à main un faire-part fatigué sur lequel était imprimée la photo de son garçon. Comme elle pleurait, ceux qui se trouvaient là se sont inquiétés. Comment leur expliquer que nos fils avaient disparu et que nous étions en miettes ? Je me suis contentée de prendre cette femme dans mes bras. Chaque année au mois de mai, pour l'anniversaire de la mort de Beau, elle trouve le moyen de m'envoyer un petit mot : par le biais de l'une des manucures, ou encore à l'occasion d'une conférence que je donne. Le lien qui nous unit ne s'usera jamais : nous ne nous connaissons pas, mais nous sommes deux mères éplorées.

Cette confrérie n'a pas de mode d'emploi. Je n'ai aucun conseil de sagesse à dispenser aux nouveaux membres. L'une de mes amies a perdu son fils, qui était pompier, dans un terrible incendie. Il était jeune, il avait deux enfants, son corps a été enterré dans le drapeau américain. J'aurais tellement voulu pouvoir lui insuffler un peu d'espoir, lui dire qu'elle irait mieux un jour. Je ne suis pas certaine que ce soit vrai. J'ai préféré lui envoyer une lettre en lui disant que je pensais à elle et qu'elle n'était pas seule. C'est sans doute la seule vérité qu'il est possible de partager avec des parents qui ressentent une souffrance aussi inacceptable : vous n'êtes pas seuls.

Des centaines de lettres, de cartes et de petits mots adressés à Joe et moi sont arrivés à la Maison-Blanche au lendemain de la mort de Beau. Joe trouvait un certain réconfort dans la lecture de ces courriers, parfois accompagnés de photos. « Le seul espoir qui nous est donné est que nos enfants, en faisant une différence dans le monde, aiguisent notre fierté, écrivait l'un de ces correspondants. C'était vraiment le cas de Beau, et le monde a pu s'en apercevoir. » J'étais reconnaissante à ces gens de leur démarche tout en étant incapable de lire une seule de ces lignes. Nous vivons notre chagrin de façon différente : Joe aime à se souvenir de la trace laissée par Beau sur les autres alors que je suis incapable d'affronter les souvenirs. Les lettres qui m'étaient adressées se trouvent dans un sac au fond de mon placard. Elles sont trop précieuses pour que j'accepte de m'en séparer, mais je suis incapable de les ouvrir. Nous ne sommes pas en capacité de tout affronter. C'est mon cas, tout du moins.

La parabole dite des longues cuillères, dont personne ne connaît vraiment l'origine, philosophique ou religieuse, apparaît dans de nombreuses cultures. Les détails changent d'une version à l'autre, on parle de cuillères ou de baguettes, de soupe ou de riz, mais le message reste le même :

Un homme demande à Dieu s'il peut voir le paradis et l'enfer, et Dieu lui fait visiter deux pièces. Dans la première, des malades sont assis autour d'une table au centre de laquelle se trouve une énorme soupière de laquelle s'échappe un fumet délicieux. Tous les convives sont à portée de la soupière, mais leurs cuillères sont si longues qu'ils ne peuvent pas les porter à leur bouche. Chacun s'efforce en vain de se nourrir, torturé par la faim, sans parvenir à manger sa soupe. Il s'agit bien évidemment de l'enfer. Dans l'autre pièce se trouvent une table et une soupière similaires, ainsi que des cuillères interminables, à la différence près que les convives sont repus car ils utilisent leurs cuillères pour nourrir celui qui se trouve en face d'eux. En enfer, nous mourons de faim dans l'isolement ; au paradis, nous nous nourrissons les uns les autres.

À l'heure d'écrire ces lignes, deux pensées me viennent simultanément : je suis loin d'être guérie, mais je ne suis pas seule.

Au cours des trois années écoulées, c'est la bonté de mes proches, de mes amis et de parfaits inconnus qui m'a sauvée. J'ai appris à m'appuyer sur eux lorsque je peine à tenir debout, j'ai fini par accepter que les autres nourrissent mon cœur affamé.

Je sais désormais que la douleur est capable de nous mettre à nu, de nous débarrasser de tout le superflu, de détruire ce qui nous construisait. Mais je sais aussi que le pouvoir de la compassion est la bouffée d'air sans laquelle nous finirions par nous noyer. Un geste, aussi minime soit-il, peut se transformer en acte de miséricorde. Un coup de téléphone, un bon mot partagé entre amis, un courrier auquel on ne s'attendait pas. Quand la vie vous a vidé de votre substance, ces petits signes, ces instants de gentillesse sont seuls capables de vous restaurer. Ce sont les seuls éléments de langage que votre cœur est capable de comprendre.

Ma famille s'est brisée, mais nous nous battons ensemble pour sa survie. Un même chagrin nous unit à jamais, entre nous comme avec la communauté de tous ceux qui souffrent autour de nous. C'est une leçon pénible à avaler, mais je ne crois pas qu'elle soit fatale. Je l'espère, en tout cas.

*

Nos petits-enfants demandent à Joe de les emmener à l'église comme autrefois. Lorsque nous sommes à Wilmington, ils se rendent à la messe ensemble, mais je ne les accompagne pas. Trop de questions restent sans réponse dans ma tête. Ce qui avait un sens à mes yeux se réduit au chaos. Le sentiment indicible de paix que je ressentais a laissé place à un silence assourdissant. Je ne suis toujours pas prête à prier, ou à entendre un sermon.

Mon pasteur, Greg Jones, m'envoie régulièrement des courriels afin de s'inquiéter de moi. Tout en comprenant les raisons de mon absence dans son temple, il la regrette. Il exprime souvent l'espoir que j'aie trouvé un nouveau refuge spirituel, mais ce n'est pas le cas. Greg m'a récemment fait signe après la mort d'une amie, une femme remarquable, une ancienne camarade d'école de Hunter et Beau qui a travaillé avec nous pendant des années. Elle avait un an de moins que Beau, elle laisse derrière elle un mari formidable et deux jeunes garçons. Greg se doutait que sa disparition me toucherait particulièrement.

Dans ma réponse à son courriel de condoléances, j'ai écrit : « L'une de mes citations préférées est que "la foi voit mieux dans l'obscurité". J'éprouve pourtant les plus grandes difficultés à continuer à croire. » En retour, il reconnaissait que garder la foi était difficile face aux épreuves de la vie, mais que la perte d'êtres chers l'aidait à voir en Dieu non pas un être qui punit et récompense, mais « Celui qui agit lentement et silencieusement en manifestant son amour, Celui qui souffre avec nous, Celui qui nous pousse vers une vie d'amour, Celui qui nous incite à œuvrer à la construction d'un avenir meilleur ». Il me rappelait le sens véritable de la pensée de Kierkegaard : s'il est aisé de trouver un sens à l'amour divin lorsque tout va bien, c'est aux heures les plus sombres que notre besoin de Dieu est le plus fort. Nous devons alors renoncer à la raison et tâtonner dans l'obscurité avec la conviction de trouver l'amour et le réconfort dont nous avons besoin.

Je commence à être à nouveau capable de tâtonner.

J'ai la chance d'être entourée de personnes qui m'aiment autant que les membres de ma famille. J'ai appris à renoncer au besoin d'être forte en leur présence. C'est le seul moyen de survivre. La vie est pour moi un fardeau parfois trop lourd à porter seule. Je sais désormais que nous pouvons le partager. La place de Beau à notre table restera vide à jamais, je le pleurerai jusqu'à mon dernier souffle, mais cela n'empêche pas nos cœurs meurtris de battre, d'aimer, de grandir.

J'espère retrouver la foi un jour. J'aimerais être capable de prier à nouveau. Tant de gens autour de moi ont besoin de mes prières, j'y vois un devoir. Après tout, au paradis, chacun se nourrit de l'autre.

ÉPILOGUE

Là d'où jaillit la lumière

Le lundi qui précédait Thanksgiving en 2016, après avoir longé les rangées de maisons aux toits de bardeaux gris-bleu, je me suis arrêtée devant une maisonnette proche de la mer. Nos cinq petits-enfants sont descendus de notre voiture de location au milieu des rires et ont récupéré leurs affaires. Joe a ouvert la porte, je me suis rempli les poumons du bon air frais de cette île de la Nouvelle-Angleterre et j'ai pénétré dans la maison.

L'année précédente, nous avions fait une escapade en famille à Rome. À Nantucket, trop de souvenirs nous rattachaient à ce que nous avions perdu, à la façon d'un portrait de famille dans lequel le visage de Beau aurait été découpé. J'avais conscience que revenir cette année serait très difficile, mais les petits-enfants en avaient envie. Thanksgiving était irrémédiablement lié à Nantucket à leurs yeux. Ils voulaient retrouver les petites boutiques, notre glacier favori, renouer avec la tradition du déjeuner du vendredi. Ils avaient envie d'assister à la cérémonie d'illumination du sapin de Noël, d'arpenter les rues pavées. Ils avaient envie d'être ensemble. De retrouver une vie normale.

Alors Joe et moi avons dit oui.

Les enfants ont distribué les chambres, entré le code wifi sur leurs téléphones, sorti leurs jeux préférés, un damier, des cartes, le Monopoly. Ils ont rapidement repris leurs vieilles habitudes. En regardant jouer Natalie et le petit Hunt, je me suis demandé, comme je l'avais fait un million de fois avec Hunter et Beau, d'où tiraient leur force des êtres aussi jeunes.

Le printemps dernier, je rentrais en voiture dans le Delaware avec Natalie et Ashley par l'une de ces journées idylliques qui précèdent l'arrivée de l'humidité venue de l'Atlantique. C'était l'une des premières fois où j'effectuais un trajet sans personne des Services secrets, la sensation de me retrouver seule avec les miens était particulièrement agréable. Soudain, la chanson *Fight Song* de Rachel Platten est passée à la radio et la réaction de Natalie ne s'est pas fait attendre : « Nana, monte le son ! » Nous avons chanté à tue-tête toutes les trois en filant sur l'autoroute alors que défilaient derrière la vitre les arbres porteurs des premiers bourgeons. En entendant chanter Natalie (« C'est ma chanson de combat / celle qui m'aide à retrouver ma vie »), j'ai repensé à la ténacité dont elle avait fait preuve lorsque Beau était en Irak. Il avait su lui insuffler sa force d'âme. *Sois courageuse, Natalie.*

Nous avons allumé le feu dans la cheminée de la maison de Nantucket et Joe a commencé à raconter aux enfants des histoires de Beau, Hunt et Ashley enfants. Le jeudi, j'ai préparé une belle table avec des fleurs, des courges et des bougies, bien sûr. Nous avons posé les plats sur la table avant de rendre grâce, puis les petits-enfants ont sacrifié à leur tradition préférée : la liste des cadeaux de Noël.

— Une Xbox One X, Nana. La nouvelle !

En voyant les enfants rire à la lueur des flammes, j'ai repensé à la toute première fois, lorsque nous avons découvert Nantucket avec Beau et Hunt. C'était là que nous étions devenus une famille, au gré des complications liées à la vie, à la mort, aux mariages, aux divorces, aux souffrances et aux guérisons, à l'amour, toujours et encore. Tout s'était mis en place dans cette petite bourgade à l'écart du monde. C'est là qu'avaient vu le jour des traditions désormais ancrées dans notre histoire. C'est là que nous avions reconstruit une vie dévastée, et voilà que nos petits-enfants suivaient notre exemple.

Chaque journée qui passe est synonyme de progrès. Notre guérison est un processus collectif, jour après jour. Je ne me sens pas prête à renoncer à mes prérogatives. Mettre une belle table, faire des farces aux enfants le 1er avril, offrir des fleurs à Neilia, préparer les dîners d'anniversaire, protéger ceux dont la vie compte plus que la mienne. Je ne passe plus jamais à côté d'un câlin à l'un ou à l'autre. Je serre mes petits-enfants dans mes bras comme si c'était la dernière fois.

Le lendemain de Thanksgiving, Joe, qui n'est jamais à un défi près, s'est levé tôt pour le bain glacé traditionnel en compagnie de Natalie et Maisy. Une fois les nageurs de l'extrême réchauffés par une bonne douche, nous avons pris le petit déjeuner devant la cheminée avant de nous rendre sur Main Street où, à notre grand étonnement, les vitrines des magasins portaient toutes des écriteaux « Les Biden sont de retour, bienvenue à eux ! ». Quelqu'un s'était chargé de propager la nouvelle.

Ce soir-là, main dans la main au milieu de la foule, nous avons assisté au compte à rebours du Père Noël et le sapin géant planté sur la place du village s'est illuminé dans la nuit à la façon d'une galaxie. La chorale a entonné *Douce nuit, sainte nuit* et nous y avons joint nos voix.

Je me suis tournée vers Joe, un vrai sourire aux lèvres. Dans le tourbillon des flocons de neige, j'ai repensé aux mots d'Albert Camus : « Au milieu de l'hiver, j'ai découvert en moi un invincible été. »

Quarante ans plus tard, nous léguons à nos petits-enfants un trésor de résistance, de loyauté, de confiance et d'espoir. Oui, de l'espoir aussi. Comment ne pas y croire, entourés d'enfants qui nous réunissent à nouveau, quand bien même nous ne le voudrions pas ? Au terme d'un parcours de souffrance et de deuil, de joies et de victoires, c'est bien ce qui nous reste : la famille. Ces vies fragiles, liées aux nôtres par le sang comme par notre choix délibéré, par l'amour et l'amitié, les épreuves et la joie.

Nous sommes brisés et meurtris, mais nous ne sommes pas seuls. Nous sommes heureux ensemble. Nous nous protégeons les uns les autres. Nous marchons main dans la main au milieu des embûches, et lorsque nous n'arrivons plus à avancer, nous nous laissons porter. Tel est le don que nous faisons : notre force d'âme, notre vulnérabilité, notre foi en l'autre. Nous avons beau savoir que nous sommes inguérissables, nous nous relevons ensemble.

C'est ce qui fait de nous une famille. C'est là d'où jaillit la lumière.

TABLE

Cet ouvrage a été composé
par Soft Office
à Eybens (Isère)

Impression réalisée par

NORMANDIE ROTO IMPRESSION S.A.S.
à Lonrai (Orne)

en août 2022
pour le compte des éditions de l'Archipel,
département éditorial de la S.A.S. Écriture-Communication

Imprimé en France
N° d'impression : 2203525
Dépôt légal : septembre 2022